Edward Burnett Tylor

에드워드 버넷 타일러 / 유기쁨

<컴북스이론총서>는
현대를 호흡하는 사상가들을 소개합니다.
단순한 사상의 축약, 해제가 아닙니다.
해당 사상가를 연구해 온 전문가가 직접
사상가의 핵심 키워드 10개를 뽑아 해설하고 비평합니다.
인간과 비인간, 현실과 가상, 문화와 야만의
경계를 넘나드는 모든 사상을 싣겠습니다.
오늘을 살아가는 모든 이의 나침반이 되겠습니다.

컴북스이론총서

에드워드 버넷 타일러

유기쁨

대한민국, 서울, 커뮤니케이션북스, 2025

에드워드 버넷 타일러

지은이 유기쁨
펴낸이 박영률

초판 1쇄 펴낸날 2025년 12월 31일

커뮤니케이션북스(주)
출판 등록 제313-2007-000166호(2007년 8월 17일)
02880 서울시 성북구 성북로 5-11
전화 (02) 7474 001, 팩스 (02) 736 5047
commbooks@commbooks.com
www.commbooks.com

ISBN 979-11-430-1631-7 04300

책값은 뒤표지에 표시되어 있습니다.

근대 학문으로서 인류학의 초석을 놓다

에드워드 버넷 타일러(Edward Burnett Tylor, 1832~1917)는 근대 학문으로서 인류학의 기틀을 마련한 영국의 인류학자다. 동서고금의 인간 사회와 문화에 관한 방대한 자료를 수집하고 이를 바탕으로 다양한 인간 사회와 문화를 아우르는 일반적 법칙을 수립하려고 시도했다. 1871년 출판한 ≪원시문화: 신화, 철학, 종교, 언어, 기술, 그리고 관습의 발달에 관한 연구(Primitive Culture: Researches into the Development of Mythology, Philosophy, Religion, Language, Art, and Custom)≫는 인류 문화와 종교의 본질과 역사적 발달을 이론화한 저술로, 오늘날 인류학과 종교학의 대표적 고전으로 손꼽힌다.

세계가 탁월한 인류학자를 얻게 한 우연들

1856년 봄, 나는 하바나의 승합차 안에서 크리스티 씨를 우

> 연히 만났다. 그는 몇 달 동안 쿠바에 머무르면서 모험적인 삶을 영위하며 … 모든 종류의 사람들을 방문해서 정보를 얻고 있었다.(Tylor, 1861: 1)

에드워드 버넷 타일러는 1832년 10월 2일, 런던 남부 캠버웰에서 해리엇 스키퍼(Harriet Skipper)와 조지프 타일러(Joseph Tylor)의 다섯 번째 자식이자 셋째 아들로 태어났다. 에드워드보다 열 살 많은 형 앨프리드 타일러(Alfred Tylor)는 자연사에 조예가 깊은 지질학자이자 고고학자였다. 그의 부모는 런던에서 황동 주조 공장(J. Tylor and Sons)을 소유한 부유한 사업가였고, 퀘이커교도였다. 당시에는 옥스퍼드나 케임브리지에서 수학하려면 영국성공회의 39개 신앙 조항에 서명해야 했기에, 퀘이커 집안의 아들인 타일러는 이들 학교에 진학하지 않았다. 타일러는 토트넘에 위치한 퀘이커 기숙학교인 그로브 하우스(Grove House)에서 교육을 받다가, 16세가 되던 1848년부터 가업을 잇기 위해 가족이 운영하는 황동 주조 공장으로 들어갔다.

그런데 타일러에게 삶의 전기를 이루는 사건이 발생한다. 건강이 좋지 않던 그에게 결핵 증상이 나타난 것이다. 의사는 당시 부유층의 관습에 따라 여행을 권유했고, 그의 형 앨프리드 타일러는 아메리카 방문을 추천했다. 타일러는 그러한 권유를 받아들여 1855년에 아메리카 대륙으로 요양 여행을 떠났다. 이때 그의 나이 23세였다.

처음에 타일러는 미국의 미시시피강을 따라 여행하면서 주로 북미 원주민과 아프리카 노예들의 생활상을 관찰했다. 1856년에는 쿠바를 여행했고, 하바나의 승합차 안에서 고고학자이자 퀘이커교도인 헨리 크리스티(Henry Christy)를 우연히 만났다. 이 우연한 만남은 타일러의 인생에, 나아가 전 세계 학계에 중요한 전환점이 된다. 부유한 퀘이커교도인 크리스티는 타일러보다 스무 살 이상 나이가 많았지만, 서로 비슷한 관심사를 확인한 두 사람은 빠르게 친해졌고, 함께 멕시코를 여행하기로 했다.

헨리 크리스티는 세계에 대한 왕성한 호기심으로 고고학, 지질학, 민족학 등 여러 학문 분야를 섭렵했을 뿐 아니라, 세계 각지를 탐험하며 인류의 자취를 열정적으로 탐구한 인물이다. 프랑스의 고생물학자인 에두아르 라르테(Édouard Lartet)와 함께 도르도뉴강 베제르 계곡의 동굴을 발굴한 것으로도 잘 알려져 있으며, 두 사람이 공저한 ≪아키타니아의 유물(Reliquiae Aquitanicae)≫(1865)은 석기 시대를 인류 문화의 연속적 단계로 이해하는 관점을 담고 있다. 크리스티가 수집한 방대한 유물은 훗날 대영박물관에 기증되었다.

크리스티와 멕시코에서 함께한 시간은 타일러에게 큰 영향을 미쳤다. 타일러는 크리스티의 영향으로 선사 시대의 문화에 관심을 갖게 되었고, 함께 멕시코를 여행하며 인간 사회와 문화의 다양성을 생생하게 경험했다. 타일러는 크리스티에게서 현장에서 민족지 표본을 관찰하고 수집하는 실질적 방법을 배우고, 이를 바탕으로 멕시코 사회와 문화를 분석적으로 이해하려 했다. 특히 아즈텍 유적지에서 확인한 고대 사회의 규모와 풍요로움은 그에게 깊은 인상을 남겼으며, 이 인상은 이후 선사 시대 인류의 고고학적 유물에 대한 관심으로 이어졌다. 아울러 타일러는 당대 멕시코 원주민들의 생활을 면밀히 관찰하면서 유럽인들에 의해 자행되는 착취의 현실을 비판적으로 주시했다.

종교학자 에릭 샤프(Eric Sharpe)는 이 여행의 의미를 두고 "산업계에서 황동 제조자를 빼앗아 세계에 인류학자를 주었다"(Sharpe, 1986: 53)고 표현했다. 이는 타일러의 멕시코 여행이 단지 그의 인생에서뿐 아니라 인간 사회와 문화를 다루는 학문 전반에도 중대한 전환점이 된 사건이었음을 짐작하게 한다.

타일러와 크리스티는 멕시코 여행을 통해 최대한 많은 민족지 자료를 수집하려 했고, 그 노력은 소기의 성과를 거두었다. 여행에서 돌아온 뒤 타일러는 런던 민족학회에서 활동하며 학문적 입지를 넓혀 나갔고, 29세에는 ≪아나우악: 혹은 멕시코와 멕시코인들, 고대와 현대(Anahuac: Or Mexico and the Mexicans, Ancient and Modern)≫(1861)를 출간했다. 책의 서두는 멕시코로 향하는 길에서의 우연한 만남과 일화를 여행기 형식으로 풀어내지만, 이 책은 단순한 기행문에 머무르지 않는다. 타일러는 이 책에서 현지에서의 면밀한 관찰을 토대로 멕시코의 과거와 현재에 대한 광범위한 민족학적 서술을 시도했다.

문밖에서부터 새로운 학문을 개척하다

오늘날 타일러는 근대 학문으로서 문화인류학과 종교인류학의 창시자로 일컬어지고 있지만(Astor-Aguilera, 2017: 107), 흥미롭게도 그는 당대의 선도적 민족학자인 제임스 프리처드(James Prichard)나 윌리엄 로런스(William Lawrence), 인류학자 제임스 헌트(James Hunt), 찰스 블레이크(Charles Blake) 등과는 달리 대학에서 자연사나 의학을 배우지 않았으며, 심지어 대학에서 정규 교육을 받은 적이 없다(Sera Shriar, 2011: 3-4). 타일러는 대학 강의실에서가 아니라 멕시코 현지에서 크리스티의 도움을 받아 민족지 연구의 기초를 습득했다. 로버트 레이널프 매럿(Robert Ranulph Marett)의 말대로, 타일러는 멕시코에서 인류학의 수습 생활을 한 셈이다. 이는 이후 그가 진행할 방대한 인류학 연구 작업의 밑바탕이 되었다. 대학 교육을 받지 않은 타일러는 특정 학문적 당파에 직접 얽매이지 않은 채, 멕시코 현지에서 쌓은 경험을 바탕으로 비교적 독립적으로 연구를 진행할 수 있었다. 머지않아 타일러의 관심은 멕시코의 경계를 넘어 현존하거나 소멸된 수많은 부족 공동체들의 관습과 신앙으로 확장되었다.

타일러는 1865년 출간한 첫 번째 본격적 인류학 저서 ≪인류의 초기 역사와 문명의 발달에 대한 연구(Researches into the Early History of Mankind and the Development of Civilization)≫에서 "우리가 문명이라고 부르는 복합적 전체"(Tylor, 1865: 1)를 이해하려면 조야한 초기 부족들의 상태를 연구할 필요가 있다고 주장했다. 이때부터 이미 인류 문명을 일종의 "길고 복잡한 성장 과정"으로 조망하면서, "현재를 설명하기 위해서는 과거가 지속적으로 필요하고, 부분을 설명하기 위해서는 전체가 필요하다"(Tylor, 1865: 2)고 여겼다.

'인류의 초기 역사'에 비추어 현재를 파악하고, 나아가 인류 문명 전체를 설명하려는 타일러의 야심 찬 인류학적 기획은 1871년에 초판이 출판된 그의 대표작 ≪원시문화≫에서 절정에 달했다. 광범위한 자료 수집과 관찰을 바탕으로 집필된 이 책은 인류 문명에 관한 기념비적 저작으로 평가되며, 제임스 조지 프레이저(James George Frazer), 앤드루 랭(Andrew Lang), 윌리엄 리버스(William Rivers) 등 당대의 수많은 학자들에게 큰 영향을 미쳤다.

이후 타일러는 1881년 대중적인 인류학 입문서인 ≪인류학: 인간과 문명 연구의 입문서(Anthropology: An Introduction to the Study of Man and Civilization)≫를 출판했다. 찰스 허큘리스 리드(Charles Hercules Read)는 이 책을 두고 이전의 방대한 연구 작업에서 축적된 집중적인 사고와 오랜 경험을 바탕으로 "거대한 주제를 상상할 수 있는 가장 작은 영역으로 압축한 기념비적인 작품"(Read, 1917: 26)이라고 평가했다.

타일러는 어떠한 학위도 갖고 있지 않았지만 학계에서 그의 영향력은 점점 더 높아졌다. 1871년에 왕립학회 회원(Fellow of the Royal Society)으로 선출되었고, 1875년에는 옥스퍼드대학교에서 명예박사 학위를 받았다. 1883년에는 옥스퍼드대학교 박물관장으로, 1884년에는 동 대학의 인류학 강사로 임명되었다. 1896년에는 인류학 교수가 되었는데, 이는 옥스퍼드대학교는 물론이고 영어권 전체에서 최초의 인류학 교수직이었다.

동시대 종교학자인 막스 뮐러(Max Müller)는 인류학을 "타일러 씨의 과학(Mr. Tylor's Science)"(Lang, 1907: 3)이라고 불렀다. 또한 리드는 타일러의 부고 기사(Read, 1917: 26)에서 '인류학'이 고통스러운 과정을 거쳐 마침내 '과학'으로 자리 잡은 데에는 타일러의 공로가 크다고 평가했다. 이는 근대 학문으로서 인류학의 형성에 타일러가 기여한 바를 짐작하게 한다.

'안락의자 인류학자'

빅토리아 시대의 여러 진화론적 사상가들은 오랫동안 '안락의자 인류학자'라는 별칭으로 불렸다. 이는 직접 현지조사를 하지 않고, 다른 이들이 현지에서 수집해 온 자료를 모아 이론을 구상하던 인류학자들을 경멸적으로 가리키던 말이다. 이 표현은 연구실의 편안한 의자에 앉아 자료의 정확성을 확인할 길도 없이, 세계 곳곳의 정보원들이 보내온 자료에 전적으로 의존해 외국 사회의 데이터를 분류하던 빅토리아 시대 남성 학자의 이미지를 포착한다.

타일러는 흔히 이 시대를 대표하는 '안락의자 인류학자' 중 한 사람으로 불려 왔다. 대표작 ≪원시문화≫가 현지조사보다는 보고서와 문헌 등 방대한 2차 자료를 토대로 집필되었다는 점에서 '현장에 가지 않는 인류학자'의 표본으로 여겨진 것이다. 실제로 이 책에서 제시된 인류 문화의 발달에 관한 일반적 이론은 대체로 실제 관찰에 근거하기보다는 기존 문헌을 폭넓게 수집하고 비교·분석한 결과물이었다.

그러나 인류학이 점차 영국의 대학 안에 자리를 잡으면서 "모든 장소, 모든 시대의 맥락에서 찢어 낸 엄청나게 많은 사례들"(유기쁨, 2012: 44)을 바탕으로 수립된 거대 이론에 대한 회의가 커졌다. 여행자, 선교사, 식민지 관리들이 남긴 단편적 자료 대신 좀 더 체계적인 민족지 연구가 필요하다는 문제의식이 대두한 것이다. 후대의 인류학자들은 2차 자료를 토대로 수립된 빅토리아 시대 인류학의 오류와 한계를 비판하면서 인간 사회를 좀 더 정확하게 이해하려면 과학적이고 체계적인 현지조사가 필요함을 역설했다.

1898~1899년 앨프리드 코트 해든(Alfred Cort Haddon)을 중심으로 조직된 케임브리지 토러스 해협(Torres Strait) 원정대는 인류학이 현지조사 기반 학문으로 전환되었음

을 보여 주는 상징적 사건이었다. 이후 인류학자들이 현지에서 원주민 공동체를 직접 연구하는 전통이 자리 잡기 시작했고, 자료 수집을 위한 기법과 표준도 점차 발전했다.

20세기 초반에 활약한 브로니슬라브 말리노프스키(Bronislaw Malinowski)는 현지 언어 습득과 최소 1년 이상 지역민과 함께 생활하는 집중적 현지조사를 원칙으로 삼았다. 또한 말리노프스키는 연구자가 토착민의 일상에 직접 참여하면서 관찰하는 '참여관찰'의 방법을 강조했다. 말리노프스키 이후로 장기간의 현지조사는 빅토리아 시대 인류학자들의 비교 연구보다 방법론적으로 더 우월한 접근으로 간주되었다.

티머시 라슨(Timothy Larsen)의 표현을 빌리면, "인류학자들은 유독 아버지를 죽이려는 경향이 강하다"(Larsen, 2016: 223). 실제로 20세기 초반의 여러 인류학자들은 '인류학의 아버지'로 불리던 타일러의 오류와 한계를 날카롭게 비판하면서, 말하자면 조상을 짓밟고 올라서서 자신들의 학문적 정체성을 구축해 나갔다.

타일러의 현장 연구

그런데 근래에는 타일러가 전적으로 '안락의자 인류학자'였던 것은 아니며, 현지에서 조사와 관찰을 통해 얻은 자료와 통찰이 그의 연구에서 중요한 역할을 했다는 해석이 제기되고 있다. 이러한 맥락에서 타일러의 첫 번째 저작인 ≪아나우악≫이 재발견된다. 지금까지 이 책은 대체로 인류학사에서 중요하지 않은 책으로 무시되어 왔으며, 기껏해야 후대 작품을 위한 디딤돌로 여겨졌을 뿐이다. 가령 매럿은 ≪아나우악≫을 "그 자체로는 별로 화려하지 않은 시험비행"(Marett, 1936: 39)으로 묘사했다. 반면 키아라 라크루아(Chiara Lacroix)는 타일러가 멕시코 여행 후 집필한 이 책에서 스스로를 전문적인 여행자·민족지학자로 묘사한 데 주목한다. 실제로 몇 개월의 여행 기간 동안 타일러는 여행자의 자리에 만족하지 않고 직접 관찰을 통해 멕시코를 '연구'하려고 했다. 에프람 세라슈리아르(Efram Sera-Shriar)는 타일러가 참여관찰이라는 용어가 생기기도 전에 일종의 초보적인 참여관찰을 수행했다고 보고, 빅토리아 시대의 인류학과 20세기 초반의 영국 인류학 사이에서 단절보다는 연속성에 주목한다.

물론 멕시코에서 타일러가 수행한 '현장 연구'는 20세기

초부터 발달한 체계적인 현지조사 방법론과는 거리가 있다. 그럼에도 타일러는 멕시코에서 낯선 지리와 지형, 사람들, 음식, 동식물, 관습, 유물을 직접 관찰한 경험을 통해 '안락의자 인류학자'들이 빠지기 쉬운 추상적이고 자민족 중심적인 시야를 어느 정도 벗어날 수 있었다. 물론 ≪아나우악≫에서는 여전히 오만한 유럽인의 시각이 곳곳에 드러나지만, 동시에 타일러는 유럽과의 접촉 이후 나타난 멕시코의 문화적 혼합을 포착하고 '진정한' 멕시코 문화를 발견하려 애썼다. 이러한 과정에서 타일러는 타자의 물질문화와 사회적 관습에 대해 어느 정도 공감적·상대주의적 시각을 형성하기도 했다. 요컨대 멕시코 현지에서 경험한 낯선 문화와의 직접적 만남은 타일러가 인간의 다양성을 좀 더 균형 잡힌 시각으로 이해하는 데 도움이 되었을 것이다.

타일러의 현지 경험은 청년 시절의 우연한 이국 체험에 그치지 않았다. 잘 알려지지 않은 사실이지만, 타일러는 수어(手語)를 이해하기 위해 런던과 베를린의 청각장애인 기관을 직접 방문하기도 했다(Tylor, 1865: 14-82). 이 과정에서 타일러는 민족지학자가 정보 제공자의 세계 속으로 들어가야 한다는 점을 인식하며, "내가 한 것처럼 청각장애인과 농인의 언어로 대화하는 사람은 영국인이 얼굴에 비극적인 가면처럼 두른 딱딱한 덮개를 벗어야 한다"(Tylor, 1865: 33)고 제안했다. 이러한 사례는 언어 발달의 보편적 경로를 탐구하려 한 타일러의 연구가 단순히 '안락의자'에만 머물러 있지 않았음을 보여 준다.

또한 타일러는 당시 영국 사회에서 유행하던 심령주의(spiritualism)에도 깊은 관심을 보였다. 타일러의 일기에는 그가 1867년부터 관련 현상에 대한 민족지적 조사를 시도했음을 암시하는 기록이 남아 있다. 실제로 1872년 타일러는 비교적 짧은 기간이지만 런던에서 여러 차례 영매가 주도하는 강령회에 참석하며 일종의 참여관찰을 수행했다. 그때의 기록은 4인치 × 6인치 크기의 공책에 68쪽 분량으로 정리된 "'심령주의'에 관한 노트(Notes on 'Spiritualism')"(미간행 원고)에 남아 있다. 타일러는 공책에 다음과 같이 적었다.

> 집으로 돌아왔다. 내가 보고 들은 것들은 그것이 진짜라는 확신을 주지 못했다. 모든 것이 날랜 손재주(legerdemain)였을 수도 있고, 실제로 상당 부분 그러했을 것이다. 그러나 많은 노골적인 사기꾼들의 어설픈 솜씨에는 재주(legereté)라는 말조차 지나치게 후한 칭찬이 될 듯하다.… 나는 여전히 판단을 유보한다. 다만 증거에 근거해 일견 타당하게 보이는

> 사례는 인정하며, 두드림, 움직임, 공중부양 등을 일으키는 심령력(psychic force)이 존재할 가능성까지 부정하지는 않는다. 하지만 내 감각이 확인한 증거로는 그 사례가 입증되지 않았으며, 나는 기록된 문서에서 받은 인상보다 그 사례가 분명히 약했다고 생각한다. (내게는) 보는 것이 곧 믿는 것이 되지 않았으며, 나는 신앙을 정의하는 새로운 문구를 제안한다. "보고도 믿는 자들은 복이 있나니."(Stocking, 1971: 100)

또한 타일러는 1884년에 아메리카 원주민 사회를 직접 방문하기도 했다. 몬트리올에서 열린 학술행사에 참석하기 위해 아메리카를 찾은 그는 헨리 모즐리(Henry Moseley)와 함께 캐나다의 오지브와(Ojibwa)족, 미국 남서부의 푸에블로(Pueblo)족, 애리조나와 뉴멕시코의 주니(Zuni)족을 찾아가 일종의 현지조사를 수행했다.

하지만 이러한 타일러의 현지조사 경험은 제대로 주목받지 못했고, 여전히 그는 대표적인 안락의자 인류학자로 손꼽힌다. 이는 인류 문화에서 일반적인 패턴과 법칙을 찾으려는 타일러의 강력한 지향이 종종 민족지 자료를 압도하는 것처럼 보이기 때문이다. 가령 타일러는 "거의 동일한 문명 단계에 있는 인종들을 비교할 때 … 역사 속의 날짜나 지도 위의 장소에 대한 고려는 거의 필요하지 않다.

고대 스위스의 호숫가 거주민들이 중세 아즈텍인들과 나란히 놓일 수도 있고, 북아메리카의 오지브와족이 남아프리카의 줄루(Zulu)족과 나란히 놓일 수도 있다.… 이러한 일반화가 얼마나 옳은 것인지를 어떠한 민족학 박물관이라도 보여 줄 수 있을 것이다"(Tylor, 1871a: 25-26)라고 썼다. 이처럼 타일러의 문화과학은 개별 사회의 특수성을 깊이 다루기보다는 인간 삶의 모든 측면에 대해 최대한 많은 자료를 수집하고, 특수한 사례들을 통해 인간 활동의 기본적 사실과 거기서 작동하는 법칙을 보여 주는 것을 기본 목표로 삼았다.

왜 지금 타일러인가

타일러의 대표작 ≪원시문화≫의 초판은 1871년에 출판되었다. 이 책은 야심 찬 기획이었다. 타일러는 동서고금의 수많은 민족지 자료들을 섭렵해서 비교하고, '진화' 개념을 바탕으로 인류 문명의 발달을 상정하며, 이를 뼈대로 삼아 인류 문화의 보편적 법칙을 설명하려고 시도했다. 타일러는 대체로 의도한 바를 이루었다. 이 책의 출판 이후 타일러는 당대는 물론이고 20세기 초반에 이르기까지 인류 문화를 연구하는 수많은 학자들에게 인류학을 대표하는 상징적 인물로 자리매김했다. 타일러의 뒤를 이어 인류학을 발전시켰으며 '마나(mana)'라는 비인격적 힘을 중심으로 종교의 기원에 관한 논의를 펼친 매럿은 타일러에 대해 다음과 같이 평가했다. "그의 과학이 위대했던 것처럼, 그 사람 자신은 더 위대했다. 외모는 그리스 신처럼 잘생기고, 좋은 그리스도교인처럼 마음이 온화했으며, 천재적인 자연주의자의 단단하고 예리한, 관통하는 지능을 지니고 있었다. 정말 재능을 부여받은 사람이었다. 또는 태평양에서 사람들이 말하듯이, 그는 마나를 가진 사람이었다."(Marett, 1936: 8)

그러나 타일러의 ≪원시문화≫는 명성만큼이나 뚜렷한 태생적 한계를 지니고 있었다. 1907년 타일러의 75세 생일을 기념해 헌정된 논문집에서 엿볼 수 있듯, 타일러 생전에 이미 젊은 학자들은 타일러의 거대 이론의 틀에서 벗어나 지역적이고 특정한 것으로 나아가고 있었다. 매럿은 "인류학에서 일반화를 너무 강조하는 것은 좋지 않다.… 인간의 역사는 … 엄격한 법칙에 따라야 한다는 것을 보여줄 수 없기 때문이다"(Marett, 1907: 219)라고 조심스럽게 썼다. 타일러의 저술은 오로지 인류학이라는 근대 학문의 거대한 문을 열어젖히는 것으로 자신의 사명을 다한 것처럼 보였다. 타일러 사후에는 그에 대한 비판이 더욱 거세졌다. 타일러는 맥락에서 떼어 낸 수많은 사례들을 자의적으로 배열해 자신의 이론을 뒷받침한 대표적 '안락의자 인류학자'로 지적되었다. 또한 유럽 백인 사회를 인류 문화 진화의 정점에 두고 토착민과 비서구인을 경멸적으로 묘사한 자문화중심적 시각, 더 나아가 유럽의 노동자, 농민 계층을 경시한 귀족주의적 태도는 통렬한 비난의 대상이 되었다. 근대 학문으로서 인류학이 자리 잡고 발달할수록 그의 논의와 방법론은 여러 측면에서 비판받았다.

그럼에도 1871년 이래 종교, 사회, 문화와 관련된 학문을 공부하는 사람이라면 누구든 에드워드 버넷 타일러라는 이름을 여전히 마주치게 된다. 전 세계의 수많은 연구자들이 "빅토리아 시대의 문화이론가(박사 학위를 위해 공부한 적도 없고 학위를 위해 시험을 본 적도 없는)가 쓴 글에 대해 뭔가를 알고 있어야 한다는 것은 흔한 일이 아니다"(Astor-Aguilera, 2017: 107). 타일러는 문화를 새롭게 정의했고, 신학적 설명에서 벗어나 문화 연구를 위한 과학적 방법론을 제시했으며, 문화의 기본 원리와 발달 유형을 제안했다. 이는 근대 학문 분과로서 인류학이 자리 잡는 데 기틀을 마련한 업적으로 인정할 만하다.

그런데 오늘날 우리가 타일러를 다시 읽어야 하는 이유

가 단지 과거의 공로를 인정하기 위함일까? 그것만으로는 충분하지 않다. 누군가에게 2세기 전에 집필된 타일러의 저작을 읽어 보라고 권유할 수 있는 까닭은, 오로지 그 독서가 오늘날의 세계와 그 속에서 벌어지는 인간과 관련된 모든 어지러운 현상을 이해하고 설명하는 데 도움이 될 수 있기 때문이다. 우리가 인류학과 종교학 개론서 서두에서 흔히 발견하는 타일러는 "영국 인류학의 창시자, 종교를 정의한 자, 지성주의자, 진화론자, 자유주의자, 공리주의자, 백인, 개신교 합리주의의 화신인 타일러"다. 그것이 인류학의 정전에 (좋게든 나쁘게든) 자리 잡은 신화화된 타일러의 모습이다. 그러나 19세기의 맥락을 고려하며 그의 저술을 주의 깊게 다시 읽어 보면 오늘날의 상황에서도 유용한 통찰을 발견할 수 있다.

타일러가 인간에 대해, 인간의 문화에 대해 제기한 물음들과 스스로 해답을 모색한 과정은 현대의 연구자들에게도 시사하는 바가 많다. 특히 ≪원시문화≫는 인류 문화의 특성과 전개 과정, 문화와 종교의 관계, 종교의 발달 과정, 인류의 진화 같은 거대한 주제뿐 아니라 인간이라면 누구나 품어 봤음 직한 물음들, 곧 '살아 있는 존재와 살아 있지 않은 존재의 차이를 어떻게 설명할 수 있을까', '인간 문화들은 왜 서로 차이를 나타낼까' 등의 물음에 대해 생각해

보게 한다.

최근 인문학과 사회과학 분야의 연구들은 물질과 정신의 관계라는 오래된 질문에 대한 새로운 관심을 불러일으키고 있다. 기후위기 시대에는 인간적인 것보다 더 큰 세계 속 비인간의 생명성과 활력을 감지하는 적극적 감수성이 요청되기도 한다. 더 나아가 노벨상을 받은 소설가 한강이 촉발한 물음, '죽은 자가 산 자를 구할 수 있는가'는 죽은 자와 산 자가 상호작용하며 서로를 돕는 세계에 대한 상상을 강력히 되살렸다. 이 모든 정황은 이 세계라는 무대에서 더 이상 (살아 있는) 인간이 중심이 아니라는 의미에서 "인간의 탈중심화"라는 말로 표현되거나, 혹은 비인간의 회귀로 일컬어지곤 한다. 이 같은 상황을 진지하게 받아들이는 사람이라면 새로운 그릇에 담긴 오래된 물음을 안고서 타일러를 다시 읽어 보면 좋을 것이다. 타일러 자신이 말하듯 어떤 경우에는 "당대의 소용돌이치는 문제들 한복판에서가 아니라, 오히려 … 골동품 유물들 사이에서 … 연구함으로써 얻게 되는 실제적인 소득"(Tylor, 1871a: 227)이 있다. 오늘날 인류의 온갖 문제가 소용돌이치는 '인류세'의 한복판에서, 우리는 인류에 대한 총체적 연구를 위한 기틀을 놓은 타일러의 골동품 유물들을 새로운 눈으로 읽으면서 타일러의 한계 너머로 비인간과 인간이 상호작용하는 세계를 새롭게 상상해 볼 수 있을 것이다.

> 진보하는 문화, 그리고 무엇보다도 과학적 문화의 더욱 고상한 추세는 죽은 자들에게 굽신거리지 않고서 그들을 존경하고, 과거를 위해 현재를 희생하지 않고서 과거에서 유익을 얻는 것이다.(Tylor, 1871a: 226)

> 민족지학자의 방향은, 다시금, 될 수 있으면 살아 있는 대상보다는 죽은 대상에 대해 연구를 수행하는 해부학자의 방향과 같아야 할 것이다.… 가령 문화 연구자가 타파된 논쟁의 영향을 살피거나 혹은 오랫동안 폐기되었던 발명의 역사를 풀어내는 일을 할 때, 그는 자신과 자신의 동시대인들이 극심한 당파심을 가지고 있으며 자신의 판단이 개인적 동정심이나 심지어 개인적 이해득실의 압력에 의해 치우쳐지는 논의에서보다는, 오히려 이미 지나간 옛 역사에서 기꺼이 증거를 찾으려 할 것이다.(Tylor, 1871a: 228)

참고문헌

유기쁨(2012). "해제: 말리노프스키와 그의 민족지". Malinowski, B.(1935). *Coral Gardens and Their Magic: A Study of the Methods of Tilling the Soil and of Agricultural Rites in the Trobriand Islands.* 유기쁨 옮김(2012). ≪산호섬의 경작지와 주술: 트로브리안드 군도의 경작법과 농경 의례에 관한 연구 1권≫, 33-65쪽. 아카넷.

Astor-Aguilera, M.(2017). Edward Burnett Tylor as Ethnographer. In Tremlett, P.-F., Sutherland, L. T., & Harvey, G.(eds.). *Edward Burnett Tylor, Religion and Culture*, pp. 107-122. London: Bloomsbury.

Lacroix, C.(2022). Confronting the field: Tylor's *Anahuac* and Victorian thought on human diversity. *History of the Human Sciences, 35*(5), pp. 135-156.

Lang, A.(1907). Introduction. In Rivers, W. H. R., Marett, R. R., & Thomas, N. W.(eds.). *Anthropological Essays Presented to Edward Burnett Tylor in Honour of his 75th Birthday, October 2, 1907*, pp. 1-5. Oxford: Clarendon Press.

Larsen, T.(2016). *The Slain God: Anthropologists and the Christian Faith.* Oxford: Oxford University Press.

Marett, R. R.(1907). Is Taboo a Negative Magic?. In Rivers, W. H. R., Marett, R. R., & Thomas, N. W.(eds.). *Anthropological Essays Presented to Edward Burnett Tylor in Honour of his 75th Birthday, October 2, 1907*, pp. 219-234. Oxford: Clarendon Press.

Marett, R. R.(1936). *Tylor.* London: Chapman & Hall.

Read, C. H.(1917). Sir Edward Burnett Tylor, D.C.L., L.L.D., F.R.S. *Man, 17*, pp. 25-26.

http://www.therai.org.uk/archives-and-manuscripts/obituaries/edward-burnett-tylor

Sera Shriar, E.(2011). Observing "Man" in *Situ*: Edward Burnett Tylor's Travels through Mexico. *History of Anthropology Newsletter, 38*(2), pp. 3-8.

Sharpe, E. J.(1986). *Comparative Religion: A History*(2nd ed.). London: Duckworth.

Stocking Jr., G. W.(1971). Animism in Theory and Practice: E. B. Tylor's Unpublished 'Notes on "Spiritualism"'. *Man, 6*(1), pp. 88-104.

Tylor, E. B.(1861). *Anahuac: Or Mexico and the Mexicans, Ancient and Modern*. London: Longman, Green, Longman, and Roberts.

Tylor, E. B.(1865). *Researches into the Early History of Mankind and the Development of Civilization*. London: John Murray.

Tylor, E. B.(1871a). *Primitive Culture: Researches into the Development of Mythology, Philosophy, Religion, Language, Art, and Custom, 1*. London: John Murray. 유기쁨 옮김(2018). ≪원시문화: 신화, 철학, 종교, 언어, 기술, 그리고 관습의 발달에 관한 연구 1권≫. 아카넷.

Tylor, E. B.(1871b). *Primitive Culture: Researches into the Development of Mythology, Philosophy, Religion, Language, Art, and Custom, 2*. London: John Murray. 유기쁨 옮김(2018). ≪원시문화: 신화, 철학, 종교, 언어, 기술, 그리고 관습의 발달에 관한 연구 2권≫. 아카넷.

차례

일러두기

- 인명, 작품명, 저서명, 개념어 등은 한글과 함께 괄호 안에 해당 국가의 원어를 병기했습니다.
- 외래어 표기는 현행 어문규정의 외래어표기법을 따랐습니다.

01
인류

대항해 시대에 유럽인들은 미지의 세계를 탐험하며 낯선 원주민들을 만났고, 이는 인간의 본성, 인류의 동일성과 차이에 대한 인류학적 질문을 촉발했다. 타일러는 다양한 자료를 검토해 인류의 정신적 동일성과 발달 단계에 따른 문화적 차이를 주장했다. 또한 인간을 자연의 일부로 보면서도 비인간보다 우월한 존재로 설정했으며, 이러한 양가적 관점이 근대 인류학의 출발점이 되었다.

대항해 시대, 인류학적 물음들

근대 학문으로서 인류학의 탄생 배경에는 이른바 '대항해 시대'가 자리한다. 15~17세기에 유럽인들은 미지의 세계에 대한 호기심을 안고 해상 항로를 개척해 나갔고, 그 과정에서 생소한 관습을 영위하는 낯선 원주민들을 만났다. 유럽, 아메리카, 아프리카, 아시아의 낯선 존재들과 조우하는 자리마다 인간의 본성에 관한 인류학적 물음들이 만발했다. 특히 유럽인은 자신과는 다른 신체 조건과 문화적 관습을 지닌 비유럽인과 마주하고서 "과연 이들도 인간인가"라는 물음을 가졌다.

정복자들을 비롯한 수많은 유럽 사상가들은 비백인 인종이 자신과 같은 종류의 인간은 아니라고 여겼다. 가령 16세기 스페인의 신학자이자 철학자인 후안 히네스 데 세풀베다(Juan Ginés de Sepúlveda)는 아메리카 원주민들이 "이성과 영혼이 없는 존재, 인간으로서의 자질이 없는 저급한 인류"(이재원, 2010: 9)라고 단언하면서 스페인의 정복과 지배를 정당화했다.

이러한 혼란은 언어의 차원에서도 드러난다. 아미타브 고시(Amitav Ghosh)에 따르면 'brute'라는 단어는 원래 동물을 가리키는 단어였는데, 대항해 시대 이후 유럽인들이 인간도 아니고 동물도 아닌 존재를 지칭하기 위해 그 의미를 확장하면서 '종간(trans-species) 용어'로 진화했다.

원주민과의 만남에서 생겨난 "이들도 인간인가"라는 물음은 인간 존재의 본질에 대한 물음으로 이어졌다. 인간과 비인간을 나누는 경계는 어디에 있는가? 어떻게 차이를 인정하면서도 보편적인 인류 개념을 세울 수 있는가? 이러한 문제의식을 바탕으로 점점 더 많은 사람들이 인간을 보편적으로 설명하는 이론을 갈망하게 되었다.

19세기 중반의 근대적 지식인 타일러는 이러한 시대적 요청에 부응하며 '인류학'의 초석을 놓았다. 인간의 역사에서 신의 섭리를 찾아내려는 초월적인 그리스도교 신학의 접근법에서 벗어나 세계 내 존재로서 '인류'를 이해하고 설명하려 했다. 흥미롭게도 ≪원시문화≫에서 인간은 누구든(고대인이든 현대인이든, '야만인'이든 문명인이든) 자신이 마주한 세계를 이해하고 설명하려고 애쓰는 존재로 그려진다. 타일러의 보편적 인간은 세계를 알고자 하며, 설명하고자 한다.

동일성과 차이

대항해 시대 이래 아메리카, 아시아, 아프리카 등지의 선교사들과 여행자들의 기록은 다양한 인간 집단의 관습과 신앙을 보여 주었다. 그 속에서는 뚜렷한 차이뿐 아니라 친숙한 공통점도 함께 발견되었다. 바로 이 지점에서 인류의 동일성과 차이의 문제가 근대 인류학의 핵심 주제로 부상했다.

19세기 지식인인 타일러는 인간 집단과 문화를 구성하는 다양한 요소들을 중심으로 인간의 역사 전체를 개관하면 두 가지 기본 원칙을 발견할 수 있다고 여겼다. 하나는 인간의 보편적인 정신적 일치 혹은 동일성의 원칙이다. 타일러는 선교사들의 기록, 여행기, 민족지적 기록 등을 면밀히 검토하면서 유사한 부분을 발견했다. 타일러에 따르면 "인류의 성격과 습관은 이탈리아 속담에서 '전 세계는 한 나라다'라고 선언하게끔 만든 현상들의 유사성과 연속성을 보여 준다"(Tylor, 1871: 25). 타일러는 되풀이해서 발견되는 유사성을 "대부분 동일한 원인이 동일하게 작용한 결과"(Tylor, 1871: 19)로 간주하는 것이 합리적 설명이라고 여겼고, 이에 따라 인류의 정신적 동일성을 주장하게 되었다.

한편 타일러는 다양한 사회적·문화적 차이를 "발달 혹은 진화의 단계"에 따른 차이로 설명했다. 각 사회는 서로 다른 발달 단계에 자리하며, "저마다 이전 역사의 결과일 뿐더러 미래의 역사를 형성하는 데 적절한 역할을 담당한다"(Tylor, 1871: 19-20)는 것이 타일러의 생각이었다. 그래서 문화의 다양성은 본질적 차이가 아니라 발달 단계의 차이로 설명될 수 있었다.

> 당면한 목적을 위해서는 인간의 유전적 다양성이나 인종을 고려하지 않고, 비록 문명의 상이한 단계에 위치할지라도 인류는 본성상 동질적이라고 취급하는 것이 가능할 뿐 아니라 바람직한 것으로 보인다.(Tylor, 1871: 27)

인류의 정신적 동질성·동일성이라는 관념이 타일러만의 생각은 아니었다. 그것은 프랑스의 대표적인 계몽주의 사상가인 샤를 드 브로스(Charles de Brosses)의 논의와도 유사하다. 드 브로스는 인류가 본질적으로 동일한 정신적 능력을 지니고 있으며 인종 간 문화적 차이는 본질적 차이가 아니라 발달 단계에 따른 차이라고 보았고, 그러한 생각은 타일러에게도 영향을 미쳤다. 타일러는 멕시코 여행이나 심령주의 집회 참석 등 현장 경험을 바탕으로 인류의 진보뿐 아니라 지체, 혼종, 퇴보에 대한 시각도 자신의 논의에 일부 포함했다는 점에서 드 브로스보다 한 걸음 더 나아갔다.

또한 독일 민족학자 아돌프 바스티안(Adolf Bastian)은 세계 각지의 이른바 '미개민족'들을 비교 연구한 뒤, 인류의 심성에는 공통분모가 존재한다고 주장했다. 바스티안에 따르면 모든 인류에 공통적인 "기본 관념(Elementargedanken)"이 존재하고, 그것이 환경과 역사적 맥락 속에서 변형되어 "민족적 관념(Volkergedanken)"을 형성한다.

동시대 학자들인 타일러와 바스티안은 영향을 주고받았는데, 둘 다 다양한 자료들을 수집해서 사례들을 비교하는 방법을 적극 활용했다. 타일러는 ≪원시문화≫ 초판의 머리말에서 바스티안의 ≪역사 속의 인간(Der Mensch in der Geschichte)≫을 특별히 활용했다고 밝혔다. 실제로 이 책 곳곳에는 바스티안이 수집한 '원시문화'의 수많은 사례들이 인용되어 있다.

드 브로스와 타일러가 주로 인류 문화의 다양성을 발전 단계의 차이로 이해한 데 비해, 바스티안은 그것이 동일한 보편적 사유가 각 민족의 역사, 환경에 따라 다르게 변형된 결과라고 해석했다.

이처럼 드 브로스, 바스티안, 타일러는 공히 인류의 보편적 동일성을 기본적으로 전제하면서도 문화적 차이를 설명하는 방식에서 각기 다른 경로를 선택했다. 그리고 이 문제는 오늘날까지도 인류학의 기본 물음으로 남아 있다. 영국의 인류학자 팀 잉골드(Tim Ingold)는 "인간을 서로 유사하게 만들어 주는 것은 어떤 면인가? 무엇이 그들로 하여금 그렇게 비슷한 방식으로 행동하게 만드는 것일까?" 그리고 "인간은 어떤 점 때문에 다양성을 지니는가? 왜 그들은 다르게 행동하는가?"(Ingold, 2018: 52)라는 물음을 다시금 던지면서 이 오래된 논의를 새삼 조명한다. 잉골드에 따르면 전자는 자연에 대한 질문, 후자는 문화에 대한 질문이다.

세계 내 인간의 자리

타일러의 논의는 인류의 동일성과 차이의 문제뿐 아니라 인간과 비인간 세계의 관계에 대해서도 중요한 함의를 지닌다. 시야를 확장해서 살펴보면 타일러가 동일성과 차이를 다루는 방식 속에서 인간 너머의 존재에까지 뻗어 나간 암묵적 가정을 발견할 수 있다.

타일러는 자연적 존재로서 인간을 과학적 연구의 대상

으로 삼으면서도 인간이 동물이나 사물과는 질적으로 구분되는 존재라고 보았다. 또한 가장 인간적인 영역으로 여겨졌던 문화와 종교조차 과학적으로 연구할 수 있는 대상이라고 보았는데, 이는 인간이 자연의 동식물이나 사물과 암묵적으로 동질적인 존재임을 가정하는 접근법이었다. 그러나 이와 동시에 타일러는 인간과 자연의 비인간 존재들 사이에 넘을 수 없는 선을 그었다. 심지어 인류 가운데 가장 열등하다고 여긴 '야만인'조차 비인간 자연에 비해서는 훨씬 우월한 존재로 간주했다.

타일러는 전근대를 인간과 자연, 초자연의 영역이 뒤섞인 혼동의 시기로 규정하는 한편, 근대를 구별된 체계와 진보의 시대로 선언한다. 이러한 구도 속에서 세계 내 인간의 자리를 이중적으로 설정한다. 타일러에게 인간은 자연의 일부로서 과학적 탐구의 대상이지만, 동시에 나머지 자연과 질적으로 구별되는 우월한 지위를 점하는 존재로 이해되었다. 바로 이 양가적 설정이 "문화과학"으로서 근대 인류학의 토대를 이루었다.

참고문헌

유기쁨(2025). "경계를 횡단하는 애니미즘: '인류세'에 타일러 다시 읽기". ≪종교문화비평≫, 47, 153-184쪽.

이재원(2010). "식민주의와 '인간 동물원': '호텐토트의 비너스'에서 '파리의 식인종'까지". ≪서양사론≫, 106, 5-31쪽.

Ghosh, A.(2021). *The Nutmeg's Curse: Parables for a Planet in Crisis*. Chicago: The University of Chicago Press. 김홍옥 옮김(2022). ≪육두구의 저주: 지구 위기와 서구 제국주의≫. 에코리브르.

Ingold, T.(2018). *Anthropology: Why It Matters*. Polity Press. 김지윤 옮김(2020). ≪팀 잉골드의 인류학 강의: 왜 그리고 어떻게 인간을 연구하는가≫. 프롬북스.

Tylor, E. B.(1871). *Primitive Culture: Researches into the Development of Mythology, Philosophy, Religion, Language, Art, and Custom, 1*. London: John Murray. 유기쁨 옮김(2018). ≪원시문화: 신화, 철학, 종교, 언어, 기술, 그리고 관습의 발달에 관한 연구 1권≫. 아카넷.

02
문화과학

타일러는 문화를 "지식, 믿음, 기술, 도덕, 법, 관습 그리고 사회 구성원으로서 인간이 습득한 다른 모든 능력과 습관을 포함한 복합적 전체"로 정의하고, 그것을 과학적 연구의 대상으로 삼았다. 당시 많은 이들이 인간 연구는 자연에 대한 연구와 달라야 한다고 생각했지만, 타일러는 동식물 연구처럼 문화 현상들을 분류하고 비교해서 일반적 법칙을 발견할 수 있다고 보았다.

"인간적인 것은 모두 과학적 설명이 가능하다"

16~17세기 유럽에서는 세계 인식의 틀이 근본적으로 바뀌는 중요한 변화가 일어나고 있었다. 망원경, 현미경, 천체망원경 등 새로운 관측기기의 발명 덕에 이전에는 보지 못했던 매우 멀고 큰 세계와 매우 작은 세계가 차례로 드러났다. 새롭게 열린 세상에 대해 새로운 설명이 요청되었다. 갈릴레이와 케플러, 데카르트, 뉴턴 등은 그리스도교 신학의 계시와 섭리 중심의 설명이나 자연의 목적론적 생기를 논하던 신비적인 접근법에서 벗어나 천상과 지상, 거시와 미시의 세계를 아우르는 보편적 법칙과 힘의 작용을 규명하려 했다. 자연에서 공감과 주술, 섭리와 계시는 점차 자기 자리를 잃었고, 자연을 관찰하고 측정하며 법칙을 탐구하는 과학의 위상은 더없이 높아졌다.

과학의 위상이 높아지면서 관찰과 측정, 분석을 통해 세계의 법칙을 파악하려는 시도는 점차 그 범위를 넓혀 갔다. 자연뿐 아니라 인간 사회 역시 관찰을 통해 그 법칙을 발견할 수 있다는 관념이 부상했고, 나아가 인간의 문화를 과학적으로 탐구할 수 있다는 생각도 등장했다. 스코틀랜드 철학자 데이비드 흄(David Hume)은 경험적 관찰과 분석을 통해 인간 행동의 일반적 원인을 찾아내는 '인간 과학'의 필요성을 호소했고, 두걸드 스튜어트(Dugald Stewart)는 과학적 연구를 통해 복잡하고 다양한 인간 행동에서도 동일성을 찾아내 일반적 패턴과 법칙을 발견해야 한다고 강조했다. 이처럼 일부 지식인들은 과학적 접근법을 인간의 문화와 사회에까지 확장해 적용하는 새로운 학문의 가능성을 모색했지만, 이러한 관념이 곧바로 널리 받아들여지지는 않았다. 인간의 고유한 영역에 과학적 접근법을 적용하려는 시도는 여전히 많은 반발을 불러일으켰다.

타일러는 당대의 자연과학자들이 "자연의 통일성, 자연법칙의 불변성"(Tylor, 1871a: 20)을 명확히 인식할 뿐 아니라, 모든 현상이 원인과 결과의 일정한 순서를 따른다는 사실을 뚜렷이 이해하고 있다고 보았다. 실제로 19세기 유럽의 지적 분위기 속에서는 모든 현상이 일정한 인과법칙에 따라 작동한다는 인식이 적어도 자연과학자들 사이에서는 공통 전제로 받아들여지고 있었다. 이러한 원칙은 동식물의 구조나 습성은 물론이고, 심지어 "인간의 하위 기능"(Tylor, 1871a: 21)을 조사할 때에도 폭넓게 적용되었다.

> 그러나 인간의 느낌과 행동, 사유와 언어, 지식과 예술과 같은 고등 과정에 대해 이야기할 때면, 의견의 일반적 어조에서 변화가 생긴다. 세상은 대체로 인간 생활의 일반적 연구

> 를 자연과학의 한 분야로 받아들이고 광범위한 의미에서 "자연물을 설명하듯이 도덕을 설명하라"는 시인의 명령을 따를 준비가 되어 있지 않다. 수많은 배운 사람들의 눈에는 인류의 역사가 자연사의 중요한 한 부분이며 우리의 사유, 의지, 행동이 파도의 움직임, 산과 염기의 조합, 동식물의 성장을 지배하는 법칙처럼 확실한 법칙에 부합한다는 관점이 어쩐지 외람되고 역겹게 보인다.(Tylor, 1871a: 21)

즉 아무리 과학의 위상이 높아졌어도 "인간의 느낌과 행동, 사유와 언어, 지식과 예술 같은 고등 과정"만큼은 자연과 구별되는 독자적 영역으로 여겨졌으며, 따라서 자연과학과 같은 방식으로 접근해서는 안 된다는 것이 당시의 일반적 견해였다. 그러나 타일러는 이러한 통념에 맞섰다. 가장 인간적인 영역으로 간주되어 온 '문화'를 과학적 탐구의 대상으로 삼고, '문화과학'이라는 이름 아래 인류 문화를 아우르는 방대한 학문적 체계를 제안했다.

타일러는 인류의 역사가 자연사의 일부며, 인간의 사유와 행동 또한 자연 현상과 마찬가지로 과학적으로 연구될 수 있다고 주장하면서 문화과학의 밑그림을 그렸다. 여기서 타일러가 '과학적'이라는 말로 의미한 바는 무엇일까? 인류 문화 역시 자연 현상과 마찬가지로 법칙에 따라 움직인다는 점에서 예외가 아니며, 이러한 법칙성을 발견하기 위해서는 귀납적으로 접근할 필요가 있다는 뜻이다.

이처럼 타일러가 자연의 법칙을 탐구하듯 인류 문화의 법칙 또한 밝혀낼 수 있다고 주장할 때, 인간은 자연의 다른 존재들, 곧 동물, 식물, 사물과 같은 선상에 나란히 놓인다. 이러한 논의의 흐름 속에서 인간은 철저히 세계 내 존재이며 자연의 일부다.

문화의 정의

타일러의 ≪원시문화≫는 인류 문화에 대한 과학적 연구를 표방한 광범위한 연구서다. 문화를 과학적 연구의 대상으로 삼는다고 할 때, 그 문화란 무엇일까? ≪원시문화≫ 1권 1장의 제목은 "문화과학(The Science of Culture)"이며, 문화 혹은 문명의 정의를 담은 문장으로 시작한다.

> 광범위한 민족지적 의미에서 '문화' 혹은 '문명'이란, 지식, 믿음, 기술, 도덕, 법, 관습 그리고 사회 구성원으로서 인간이 습득한 다른 모든 능력과 습관을 포함한 복합적 전체를 가리킨다.(Tylor, 1871a: 19)

타일러가 문화를 보편적이고 총체적인 개념으로 정의한 것은 당시에는 일종의 혁신이자 도전이었으며, 오늘날에도 문화 연구의 중요한 출발점으로 널리 인용되고 있다.

앨프리드 크로버(Alfred Kroeber)와 클라이드 클럭혼(Clyde Kluckhohn)은 1952년 ≪문화: 개념과 정의에 관한 비판적 검토(Culture: A Critical Review of Concepts and Definitions)≫라는 책에서 인류학자들이 제시한 160여 개의 다양한 '문화' 정의들을 비판적으로 검토했다. 그들은 당시까지 '문화'라는 용어가 다양한 학문 분야에서 사용되었지만 그 정의가 너무 각양각색이고 혼란스러웠다고 지적하며 160여 개의 문화 정의들을 여섯 개의 범주로 분류했다. 흥미로운 것은 타일러의 문화 정의를 다루는 부분이다. 크로버와 클럭혼은 타일러의 문화 정의가 "예리하고 성공적인 개념화"(Kroeber & Kluckhohn, 1952: 25)며, 인류학에서 '문화' 개념을 과학적으로 정립하는 데 기여했다고 평가했다. 타일러 이전에는 '문화'가 모호한 문학적·철학적 용어였는데 타일러의 학문적이고 체계적인 정의 이후 인류학적 개념으로 자리 잡았다는 것이다. 제리 무어(Jerry Moore)는 "타일러의 업적 가운데 가장 오래 남은 것은 문화의 정의"(Moore, 1997: 52)라고 평가하기도 했다.

타일러는 문화를 정의하면서 유형의 물질적 요소뿐 아

니라 무형의 비물질적 요소까지 포괄했다. 또한 타일러의 정의는 문화를 '교양'이나 상류층의 전유물로 여기던 엘리트주의적 관점을 넘어 삶의 다양한 측면을 말 그대로 하나의 '복합적 전체'로 묶어 냈다는 점에서 특징적이다.

그러나 타일러의 문화 정의는 모든 사회에 문화가 존재한다는 보편성을 전제하면서도 각 문화의 고유한 맥락과 가치에 주목하는 문화상대주의의 가능성을 차단했다는 점에서 비판받았다.

문화의 법칙성: 의미 없는 잡동사니는 없다

그러면 '문화'를 어떻게 이해할 것인가? 타일러의 ≪원시문화≫ 책 표지를 열면 맨 앞에 드 브로스에게서 인용한 제사가 눈에 들어온다. "인간을 이해하려면 인간이 무엇을 할 수 있었는지 혹은 해야만 했는지를 상상하는 것보다 인간이 실제로 무엇을 행하는지 관찰하는 것이 중요하다." 타일러가 이 구절을 머리말보다 앞에 배치한 데서 인간을 연구할 때 상상보다 실제적 관찰을 출발점으로 삼겠다는 그의 의지를 읽을 수 있다. 타일러는 자신의 사유 궤도에 따라 연역적으로 논의를 펼치기보다는 구할 수 있는 만큼 방대한 자료를 모아 분류하고 재배치하며 그 속에서 규칙성을 찾아내려 했다.

≪원시문화≫에는 속담, 수수께끼, 언어, 계산 기술, 신화뿐 아니라 종교적 관습에 이르는 동서고금의 수많은 사례들이 풍부하게 실려 있다. 타일러는 인간 삶의 모든 측면에 대해 가능한 한 많은 자료를 수집하려 했다. 타일러에게 문화 연구의 대상으로 삼기에 지나치게 하찮은 것은 없었다. "만약 어느 곳에 법칙이 있다면 그것은 어디에나"(Tylor, 1871a: 47) 있고, 이는 인류 문화에도 마찬가지로 적용될 수 있었다. 타일러는 복잡한 잡동사니처럼 보이는 특수한 사례들을 단순화하고 체계적으로 비교해 모든 인간 활동의 일반적 경향과 거기서 작동하는 법칙을 보여 주고자 했다.

타일러는 복합적 전체로서의 '문화' 또는 '문명'의 세부사항들을 지식, 믿음, 기술, 관습 등의 수많은 민족지군(群)으로 분류하면서 이러한 문화의 세부 항목들을 박물학자가 연구하는 동식물의 종(種)에 비유했다. 마치 박물학자가 특정 지역에 고유한 식물 종과 동물 종을 연구하듯 문화 연구자는 특정 지역의 고유한 여러 기술, 신화, 관습 등을 연구할 수 있다는 것이다. 지역의 동식물 종의 목록이 그곳의 동식물상을 나타내듯, 인간 생활을 구성하는 여러 항목의 목록은 우리가 문화라고 부르는 전체를 나타낸다.

아울러 타일러는 동식물 종의 특성과 분포를 과학적으로 연구할 수 있듯, 문화의 세부 항목들 또한 그 특성, 분포, 발달을 과학적으로 연구할 수 있으며 또 그렇게 해야 한다고 주장했다. 이른바 '문화과학'을 제안한 것이다. 이를 위해 타일러는 얼핏 무질서하고 아무런 원칙도 없이 흩어진 듯한 다양한 인류 문화의 사례들 속에서 일정한 규칙성을 찾아내려고 시도했고, 인간 사회의 구성에서 드러나는 이러한 규칙성을 토대로 모든 민족의 관습, 신앙, 예술, 사유에 대한 일반화가 가능하다고 여겼다.

자연을 연구하듯이 인간 생활을 연구한다는 발상은 당시 많은 이들에게 여전히 낯설고 불편하게 다가왔지만, 그럼에도 타일러는 결국 인류가 앞으로 나아갈 것이라고 확신했다. "진정한 지식은 이와 같은 저항을 뚫고 언제나 이내 앞으로"(Tylor, 1871a: 21) 나아가기 때문이다.

참고문헌

유기쁨(2023). ≪애니미즘과 현대 세계: 다시 상상하는 세계의 생명성≫. 눌민.

유기쁨(2025). "경계를 횡단하는 애니미즘: '인류세'에 타일러 다시 읽기". ≪종교문화비평≫, 47, 153-184쪽.

Kroeber, A. L. & Kluckhohn, C.(1952). *Culture: A Critical Review of Concepts and Definitions.* Cambridge, MA: Peabody Museum Press.

Moore, J. D.(1997). *Visions of Culture.* AltaMira Press. 김우영 옮김(2002). ≪인류학의 거장들: 인물로 읽는 인류학의 역사와 이론≫. 한길사.

Porter, R.(2000). *The Creation of the Modern World: The Untold Story of the British Enlightenment.* New York: W.W. Norton & Company. 최파일 옮김(2020). ≪근대 세계의 창조≫. 교유서가.

Stocking Jr., G. W.(1963). Matthew Arnold, E. B. Tylor, and the Uses of Invention. *American Anthropologist, 65*(4), pp. 783-799.

Tylor, E. B.(1871a). *Primitive Culture: Researches into the Development of Mythology, Philosophy, Religion, Language, Art, and Custom, 1.* London: John Murray. 유기쁨 옮김(2018). ≪원시문화: 신화, 철학, 종교, 언어, 기술, 그리고 관습의 발달에 관한 연구 1권≫. 아카넷.

Tylor, E. B.(1871b). *Primitive Culture: Researches into the Development of Mythology, Philosophy, Religion, Language, Art, and Custom, 2.* London: John Murray. 유기쁨 옮김(2018). ≪원시문화: 신화, 철학, 종교, 언어, 기술, 그리고 관습의 발달에 관한 연구 2권≫. 아카넷.

03
진보

타일러는 인류 문화를 단계적 발전 과정 속에서 이해했고, 모든 사회가 야만에서 미개를 거쳐 문명으로 진보한다는 보편 법칙을 제안했다. 다윈의 진화론은 타일러의 사유에 일정한 자극을 주었으나, 타일러는 생물학적 설명보다는 사회문화적 변화의 법칙을 밝히는 데 주력했다. 타일러는 민족지 자료를 비교해 변화의 규칙성을 찾고, 진보를 문화 과학의 핵심 개념으로 제시했다. 또한 빅토리아 시대 지식인으로서 문명의 진보에 기여해야 한다는 지식인의 사회적 책무를 강조했다.

어둠에서 빛으로

1860년대 인류학은 진보론과 퇴보론의 대립 속에서 발전했다. 퇴보론자들은 신이 개입해서 인간에게 준 고등한 원문명(original civilization)으로부터 퇴보 과정이 일어났다고 주장했다. 반면 진보론자들은 야만에서 미개로, 미개에서 문명으로의 점진적 발전을 주장했다. 타일러는 명백히 후자에 속했다.

> 내가 어느 한도 내에서 위험을 무릅쓰고 입증하려는 논지를 간단히 말하자면, 야만 상태는 대체로 인류의 초기 조건을 대표하는데, 거기서부터 고등 문화가 점차 발달 혹은 진화해 왔고, 그 과정은 옛날과 마찬가지로 아직까지도 규칙적으로 작동하고 있으며, 그 결과는 대체로 진보가 퇴보보다 우세했음을 보여 주는 것이다.(Tylor, 1871a: 56)

타일러는 ≪인류의 초기 역사와 문명의 발달에 대한 연구≫와 ≪원시문화≫에서 인간의 물질적 생활과 정신적 생활이 동일한 진보의 법칙에 따라 발전한다고 논증했다. 그 과정에서 '문화(culture)' 개념을 과학적 인류학의 핵심 용어로 도입했지만, 실제로는 '문명(civilization)'이라는 용어를 혼용하며 위계적·규범적 의미를 부여했다. 모든 사회가 같은 방식으로 발전한다고 가정할 경우, 문화의 차이는 곧 발달 단계의 차이로 환원된다. 이때 '야만'과 '미개'는 초기의 혹은 낮은 단계의 문명에 위치 지어진다.

인류 역사를 기본적으로 발달 과정 속에서 이해하려 한 타일러는 과거에서 현재를 거쳐 미래로 흐르는 선형적 시간관을 바탕으로 방향성을 띠는 변화를 일종의 법칙으로 상정했다. 타일러가 수집한 다양한 문화 현상들은 진화의 시간축 위에 자리 잡았고, 그에 따라 의미와 가치를 부여받았으며, 그 결과 가치의 위계가 비교적 뚜렷하게 나타났다.

진화와 진보

19세기 중반 영국의 지성사적 분위기는 진화와 진보를 빼놓고는 이야기하기 어렵다. 허버트 스펜서(Herbert Spencer)는 "진보는 우연이 아니라 필연"(Spencer, 1850: 65)이라고 말하며 인간이 점점 더 완벽해져야 한다고 주장했다. 이는 비교적 안정된 기후 조건 아래 물질적·경제적 번영을 누리던 빅토리아 시대 영국 사회가 물질적 진보뿐 아니라 도덕적·정치적 진보까지 낙관적으로 바라보게 된 시대적 분위기를 잘 보여 준다.

또한 이 시기는 찰스 다윈(Charles Darwin)의 ≪종의 기원(On the Origin of Species)≫(1859)이 사회 전반에 커다란 충격을 불러일으킨 때이기도 했다. ≪원시문화≫가 출판된 1871년, 다윈은 ≪인간의 유래(The Descent of Man)≫를 통해 인간 역시 다른 동물과 마찬가지로 자연적 과정을 거쳐 형성된 존재임을 주장하며 학계의 논쟁을 촉발했다. 다윈의 '진화' 개념은 동시대 학자들에게 지대한 영향을 미쳤다.

다윈의 영향을 받은 것은 타일러도 예외는 아니었다. 조지 스토킹 주니어(George Stocking Jr.)는 타일러의 문화과학이 19세기 진화론적 사상에 깊이 뿌리박고 있다고 지적한다. 타일러는 야만에서 미개를 거쳐 문명으로 이어지는 단선적 진화 과정을 가정했고, 이는 문화의 다양성을 인정하기보다는 각 문화를 진보의 사다리 위에 자리매김하는 결과를 낳았다. 타일러는 당대 유럽 문명이 비록 완전하지는 않더라도 그때까지 인류가 이룩한 성취 중 가장 발전된 것이라고 확신했다. 다시 말해 타일러는 문명을 계층적으로 이해했으며, 낮은 수준에서도 문화는 존재하지만 마지막 단계에서 비로소 완전히 꽃피운다고 여겼다. 이러한 문명 진보 관념은 타일러 저술의 핵심 뼈대를 이룬다.

케이티 소어(Katy Soar)는 인류 문화에 대한 타일러의 진화론적 시각이 "역사적 과정이 느리고 연속적으로 작동한다는 다윈의 전제에 기반한다"(Soar, 2017: 142)고 평가한다. 인간 역시 다른 동물과 마찬가지로 진화를 통해 등장했으며, 인간의 신체적·정신적 특성은 물론이고 도덕성, 지능, 사회성까지도 진화의 산물이라는 다윈의 논의는 타일러의 인류 문명 발달론과 연결될 수 있다.

하지만 다윈이나 스펜서가 타일러에게 미친 영향을 지나치게 확대 해석할 필요는 없다. 타일러는 ≪인류의 초기 역사와 문명의 발달에 대한 연구≫에서 다윈을 몇 차례 언급했고, ≪원시문화≫에서는 방대한 본문 가운데 단 두 번 언급했다. 그런데 두 저서 모두에서 다윈에 관한 언급은 ≪종의 기원≫의 이론적 논의가 아니라 1839년 출판된 ≪비글호 항해기(The Voyage of the Beagle)≫ 속 원주민의 종교적 관습에 관한 사례들을 소개하는 대목에 국한된다. 또한 두 저서 어디에서도 스펜서는 전혀 언급되지 않는다.

인류 문명의 진화와 진보를 논할 때 자연스럽게 다윈과 스펜서를 떠올리는 오늘날의 독자들처럼, 19세기 영국의 독자들 역시 이러한 점을 의아하게 여겼을 것이다. 그래서 타일러는 ≪원시문화≫ 2판(1873)의 머리말에서 이들의 이론을 본격적으로 다루지 않은 이유를 독자에게 직접 설명했다.

> 어떤 독자는 문명의 발달 혹은 진화 이론을 그토록 열렬히 주장하는 책에서 다윈 씨와 허버트 스펜서 씨를 거의 언급하지 않는 것을 보고, 마땅히 다루어져야 할 내용이 생략되었다는 인상을 받을지도 모른다. 그들이 그러한 주제와 관련해서 현대적 사유 과정 전체에 미친 영향을 정식으로 인정하지 않고 넘어가서는 안 될 것이다. 그렇지만 그들을 특별히 언급하지 않은 까닭은, 고유한 방식으로 정리된 이번 책이 이 저명한 철학자들의 이전 저서들과 세부적 접점이 거의 없다는 사실을 통해 설명된다.(Tylor, 1871a: 8)

즉 타일러는 다윈과 스펜서가 당대에 끼친 광범위한 영향을 인정하면서도, 인류 문명의 진보를 다룬 자신의 작업이 접근 방식과 주제 그리고 논의의 초점에서 이들의 작업과 거의 겹치지 않는 독자적 노선 위에 서 있음을 강조했다.

한편 타일러의 저술이 인류 문화를 다루는 방식과 그 내용의 독창성은 다윈에게도 깊은 인상을 남겼다. 다윈은 타일러에게 보낸 편지에서 "당신이 하등 인종으로부터 다른 인종들의 종교적 믿음에 이르기까지 애니미즘을 추적하는 방식은 놀랍습니다. 앞으로 (영혼에 대한 믿음 등을 포함해) 종교를 새로운 관점에서 바라보게 될 것입니다"(Soar, 2017: 141)라고 썼다.

인류의 진보를 위해 복무하는 지식인

인류학을 대중에게 소개하는 책 ≪인류학≫에서 타일러는 인류가 "무의식적 진보의 시대에서 의식적 진보의 시대로 넘어가고 있다"(Tylor, 1881: 439-440)고 썼다. 타일러는 인류 문명이 진보하는 것을 보편적이고 일반적인 자연적 흐름으로 여겼지만, 현실 속에서 일탈이나 퇴행이 종종 일어난다는 사실도 간과하지 않았다. "진보, 퇴화, 잔존, 부활, 수정 등은 모두 문명의 복잡한 그물을 결합하는 연결 양식"(Tylor, 1871a: 38)이라고 말하며, 발전의 직선적 도식만으로는 문화의 역동성을 설명할 수 없다고 지적한다.

그럼에도 타일러는 궁극적으로 문명의 진행 방향이 '앞을 향한다'는 확신을 거두지 않았다. 문화의 일반적 과정을 "감히 신화적 말투로"(Tylor, 1871a: 102) 표현하면서 문명을 인물로 형상화한다.

우리는 문명이 세계를 가로지르는 인격적 인물인 양 상상해 볼 수 있을 것이다. 우리는 그녀가 도중에 지체하거나 쉬는 것을, 그리고 종종 길을 벗어나서 오래전에 지나왔던 곳으로 고생스럽게 돌아가게 하는 길로 접어드는 것을 목격한다. 그렇지만 바로 가든 둘러 가든 그녀의 길은 앞을 향해 나 있으며, 만약 그녀가 몇 보를 뒷걸음질하려고 시도한다면, 그녀의 걸음은 곧 속수무책으로 휘청거리게 된다. 이는 그녀의 본성에 따른 행동이 아니며, 그녀의 발은 자기 뒤로 불확실한 걸음을 떼도록 만들어지지 않았다. 왜냐하면 앞을 향한 시야와 앞으로 나아가는 걸음걸이 모두에서 그녀는 진정 인간적인 유형에 속하기 때문이다.(Tylor, 1871a: 103)

이처럼 문명은 잠시 지체하거나 퇴행하는 듯하기도 하지만, 본질적으로 미래를 향해 전진하는 운동으로 이해된다. 그러나 우리의 주변 현실 속에서 인류가 진보한다기보다 오히려 퇴보하는 것처럼 보이는 사례들 역시 빈번하게 나타난다. 타일러는 "문명의 억지와 쇠퇴는 민족 생활의 더욱 빈번하고 강력한 작용 가운데 하나"(Tylor, 1871a: 69)라고 지적했다.

이 지점에서 타일러는 지식인의 역할을 강조한다. 문명은 스스로 전진하는 힘을 지니지만, 그 진보의 길이 언제나

순탄한 것은 아니다. 따라서 "진보를 돕고 장애물을 제거"(Tylor, 1871b: 704)하면서 문명의 길을 닦는 지식인의 역할이 중요하다. 지식인은 현실과 유리된 학문적 담론을 전개하는 데 머무르지 않고, "덜 상냥하다고 해도, 인류의 유익을 위해 긴급히 요청되는 일"(Tylor, 1871b: 704)을 수행해야 한다. 타일러에게 지식인은 단순한 관찰자가 아니라 문명의 진행을 촉진하고 그 궤도를 바로잡는 조력자로서 인류 전체에 복무하는 존재이기 때문이다.

참고문헌

유기쁨(2023). ≪애니미즘과 현대 세계: 다시 상상하는 세계의 생명성≫. 눌민.

유기쁨(2025). "경계를 횡단하는 애니미즘: '인류세'에 타일러 다시 읽기". ≪종교문화비평≫, 47, 153-184쪽.

Gould, S. J.(1987). *Time's Arrow, Time's Cycle: Myth and Metaphor in the Discovery of Geological Time*. Cambridge, MA: Harvard University Press. 이철우 옮김(2012). ≪시간의 화살, 시간의 순환: 지질학적 시간의 발견에서 신화와 은유≫. 아카넷.

Soar, K.(2017). Edward Tylor, Archaeologist? The Archaeological Foundations of 'Mr Tylor's Science'. In Tremlett, P.-F., Sutherland, L. T., & Harvey, G.(eds.). *Edward Burnett Tylor, Religion and Culture*, pp. 141-162. London: Bloomsbury.

Spencer, H.(1850). *Social Statics: Or, The Conditions Essential to Human Happiness Specified, and the First of Them Developed*. London: John Chapman.

Stocking Jr., G. W.(1963). Matthew Arnold, E. B. Tylor, and the Uses of Invention. *American Anthropologist, 65*(4), pp. 783-799.

Tylor, E. B.(1865). *Researches into the Early History of Mankind and the Development of Civilization*. London: John Murray.

Tylor, E. B.(1871a). *Primitive Culture: Researches into the Development of Mythology, Philosophy, Religion, Language, Art, and Custom, 1*. London: John Murray. 유기쁨 옮김(2018). ≪원시문화: 신화, 철학, 종교, 언어, 기술, 그리고 관습의 발달에 관한 연구 1권≫. 아카넷.

Tylor, E. B.(1871b). *Primitive Culture: Researches into the Development of Mythology, Philosophy, Religion, Language, Art, and Custom, 2.* London: John Murray. 유기쁨 옮김(2018). ≪원시문화: 신화, 철학, 종교, 언어, 기술, 그리고 관습의 발달에 관한 연구 2권≫. 아카넷.

Tylor, E. B.(1881). *Anthropology: An Introduction to the Study of Man and Civilization.* London: Macmillan and Co.

04
야만인과 문명인

타일러는 인류 문화의 보편적 법칙을 규명하기 위해 당대의 현실적 쟁점보다는 '원시문화'의 탐구에 관심을 집중했다. 타일러에게 '원시문화'란 선사 시대의 유물뿐 아니라 동시대 '야만인'의 생활세계까지 포괄하는 개념이었다. 타일러에게 '야만인'은 인류 진보의 가장 초기 단계를 대표하며, 문명인의 과거를 보여 주는 '살아 있는 화석'과 같은 존재였다. 그러나 타일러는 한편으로 백인 식민지 정복자의 폭력과 문명 내부의 모순을 인식했고, '야만인'이 보여 주는 합리성과 사유의 논리적 일관성을 강조하기도 했다.

골동품 사이에서 일반 법칙을 연구하다

타일러는 인류의 정신적 동일성을 전제하면서도 당대의 서구 사회를 인류가 도달한 문명의 최고점으로 여겼고, 시공간적으로 멀리 떨어진 낯선 사회와 문화를 가리키기 위해 '원시(primitive)'라는 수식어를 사용했다. 주목할 것은 이것이 단순히 시간적 고대를 일컫는 말이 아니었다는 점이다. 표준국어대사전의 정의처럼 '원시'는 "처음 시작된 그대로 있어 발달하지 아니한 상태"를 뜻한다. 타일러에게 '원시'는 "우리의 정신적 진화의 초기 단계에 이루어진 과정"(Tylor, 1871: 48)을 가리키는, 가치평가가 실린 용어였다.

흥미로운 것은 타일러가 인류 문화의 법칙을 규명한다는 원대한 목표를 위해 당대의 첨예한 현안보다는 오히려 시간적·공간적으로 멀리 떨어진 사회의 현상, 즉 "그다지 현대적 관심의 대상이 아닌 골동품 유물들"(Tylor, 1871: 227)인 "원시문화"에 더욱 관심을 집중했다는 점이다. 타일러가 그렇게 원시문화의 사례에 집중한 까닭은, 화학적 결합의 법칙이 과거와 현재에 동일하게 작용하듯 "마음의 법칙" 역시 시공간적 거리와 무관하게 동일하게 작용한다고 여겼기 때문이다. "지금까지 그래 왔던 일들은 앞으로도 그러할 것”이기에, “인류의 발달에서 새로운 상황 아래 긍정적으로든 부정적으로든 작용하고 있는 법칙들을 알아내기 위해서 야만인들과 옛 민족들을 연구해야 한다”(Tylor, 1871: 228)는 것이 타일러의 입장이었다.

이처럼 타일러는 현재를 이해하고 미래를 만들어 가는 데 “문명의 기원과 초기 발달에 대한 연구”(Tylor, 1871: 47)가 필수적이라고 여겼다. 바로 이러한 이유에서 타일러의 대표작은 ≪원시문화≫라는 제목을 달게 되었다.

타일러의 ‘원시문화’와 선사 고고학

타일러는 “인간의 태곳적 조건을 탐구하기 위한 해결의 열쇠는 선사 고고학이 쥐고 있다”(Tylor, 1871: 89)고 말하면서 ‘원시문화’ 연구에서 선사 고고학이 차지하는 중요성을 강조했다.

19세기 중후반 선사 고고학과 인류학은 긴밀히 연결되어 있었고, 선사 시대 유적지에서 축적된 증거는 타일러가 인류의 사회문화적 진화 단계를 논할 때 중요한 경험적 사례로 활용되었다. 타일러는 선사 고고학의 성과를 바탕으로 자신의 새로운 과학을 구축했으며, 특히 선사 시대 부족의 유물에 대한 고고학적 추론을 바탕으로 야만-미개-문명으로 이어지는 문화 발달론을 전개했다.

주목할 점은 타일러가 과거의 유물뿐 아니라 동시대 사회 역시 자신이 설정한 기준에 미치지 못한다는 이유로 '원시문화' 범주에 포함했다는 것이다. 타일러는 자갈 더미, 동굴, 패총, 호상가옥 등에서 발견된 선사 시대의 유물과 "현대의 야만인들"을 연결했고, 동인도, 아프리카, 남아메리카의 부족 사회와 스위스 호숫가 선사 거주지 사이의 직접적 연관성을 추론했다(Tylor, 1871: 93). 타일러의 기본 전제는 문화적 유사성을 보이는 사회들이 문명 발달의 비슷한 단계에 놓여 있다는 것이었다. 그리하여 타일러는 가설적인 "인간의 일반적 초기 조건"이 "현대의 야만인 부족들의 조건과도 상당한 정도로 일치"한다고 보았고, 이들이 "모두 인류 초기 상태의 유물로 보이는 문명의 어떤 요소들을 공유한다"(Tylor, 1871: 44)고 주장했다. 이러한 관점에서 타일러는 "'현대적 야만인'이라는 형태의 '원시문화'를 인간 문명의 기층이자 토대로 정의하려 했다"(Soar, 2017: 155).

이렇듯 시간적으로는 과거를, 공간적으로는 동시대의 타자 사회를 '원시문화'의 연구 대상으로 삼은 것이 타일러의 학문적 특징이었다.

타일러의 '야만인'

그렇다면 타일러가 말하는 '야만인'은 누구인가? 문명의 과정을 스케치한 타일러의 장대한 논의 속에서 인류는 야만에서 문명에 이르는 상승의 궤적을 따른다. 이는 존 러벅(John Lubbock), 루이스 헨리 모건(Lewis Henry Morgan) 등 동시대 학자들의 발전론적 도식과 맥락을 같이하며, 문화가 단선적인 경로를 따라 발전한다는 진화론적 사고에 기반한다.

"야만성에서 문명을 향하는 것"(Tylor, 1871: 44)이 문화의 일반적 경향이라고 여겼던 타일러에게 문명과 야만을 구분하는 주요 기준은 "산업 기술, 특히 금속 가공, 도구와 그릇의 제조, 농업·건축 등의 존재 유무와 발달 정도, 과학적 지식의 범위, 도덕 원칙의 명확함, 종교적 믿음과 예식의 상태, 사회적·정치적 조직화의 정도 등"(Tylor, 1871: 49)이었다. 타일러는 자신이 속한 "유럽과 미국의 교양 있는 세계"(Tylor, 1871: 49)를 당시 가장 발달한 문명의 전형으로 보았으며, 아메리카 원주민, 폴리네시아인, 멜라네시아인, 아프리카 원주민, 오스트레일리아 원주민 등 주로 비유럽 사회의 사람들을 "원시적 생활양식"을 유지하는 '야만인'으로 규정했다.

≪원시문화≫에서 타일러는 "문화의 진보가 단일한 일반적 선을 따라 일어난다고 여길 경우, 야만인들은 동물과 문명화된 생활 사이의 중간 상태"(Tylor, 1871: 62)를 나타낸다고 암시한다. 비록 증거 부족을 이유로 논의를 그렇게까지 확장하지는 않았지만, 타일러가 이러한 여지를 남긴 점은 의미심장하다.

결국 타일러에게 '야만인'은 인류 진보의 가장 초기 단계에 놓인 인간으로서, 문명인의 과거 모습을 드러내는 일종의 "살아 있는 화석(living fossils)"(Lacroix, 2022: 136)이었다. 타일러는 유럽인들이 "자기네 원시적 조상의 모습"을 재구성하기 위한 단서를 그린란드인이나 마오리족 같은 "현대의 야만인 부족들"(Tylor, 1871: 44)에게서 찾을 수 있다고 보았다.

타일러의 '문명인'

타일러는 이상적 문명이란 "인간의 선함, 힘, 행복이 한꺼번에 증진될 때까지 개인과 사회가 더 높은 수준으로 조직화됨으로써 이루어지는 인류의 일반적 향상"(Tylor, 1871: 50)이라고 설명한다. 타일러의 눈에 그러한 "이론적 문명"

은 "실제의 문명"과 거의 일치했다.

하지만 거기에는 수많은 예외가 존재했다. 타일러는 자신이 속한 사회가 북미나 오스트레일리아의 원주민 사회보다 모든 면에서 더 낫다고 할 수는 없다는 사실을 잘 알고 있었다. 이론적으로는 문명인이 '야만인'보다 모든 면에서 더 성숙하고 진보한 존재여야 하지만, 타일러는 동시대 사회의 혼란과 인간 군상의 온갖 모습을 보며 그렇지 않음을 인식했다. 실제로 기술과 지식의 일부 영역에서는 '야만인'이 문명인보다 탁월한 능력을 보여 주는 사례가 드물지 않았다.

도덕적·정치적 능력의 문제는 더욱 복잡했다. 타일러는 고고학자 헨리 크리스티와 함께한 멕시코 여행에서 백인 침략자가 원주민 사회에 끼치는 해악을 실감했다. 그래서 ≪원시문화≫에서 식민지 개척자가 '야만인'의 생활을 더 강하고 고상하며 순수한 생활로 바꾼다고 보기는 어렵다고 인정했다. 어떤 경우에는 원주민 사회에서 사회적 현안을 논의하는 회의 문화가 오히려 문명화된 국가의 폭정보다 나은 경우도 허다했다. 가령 문명화된 국가들에서는 종교와 관련된 갈등과 분쟁, 도발과 보복이 끊이지 않는다. 그런데 크리크(Creek)족 인디언은 종교와 관련해서 합의가 이뤄질 수 없는 경우에는 "모든 사람이 자기 방식대로 자기 카누를 저어 가게 하는 것"(Tylor, 1871: 53)이 최선이라고 답했다. 과연 어느 쪽이 더 나은 방식일까?

여행자와 선교사의 기록에서 묘사된 '야만인' 사회는 때로는 정직, 정의, 친절, 활기, 상냥함, 용기, 환대 등이 일상화된 낙원처럼 비치기도 했다. 그러나 타일러는 그들이 "지나칠 정도로 환대한다는 것, 그들의 용기는 잔혹하고 기만적인 악의로 물든다는 것 그리고 그들의 종교는 어리석은 믿음과 쓸데없는 예식으로 표현된다는 것"(Tylor, 1871: 54)을 잊지 말아야 한다고 당부한다.

결국 예외는 일반적 규칙을 뒤집지 못했다. 타일러는 야만인의 지성적·도덕적 상태를 어린아이의 상태에 빗대며, "일반적 증거들은 대체로 문명화된 인간이 야만인보다 전반적으로 더 현명하고 더 유능할 뿐 아니라 더 훌륭하고 더 행복하며, 미개인은 그 사이에 위치한다는 관점을 충분히 정당화해 준다"(Tylor, 1871: 55)고 결론지었다.

"고도는 다르지만 같은 경사면을 오른다"

타일러의 글에는 분명 비유럽 원주민을 위에서 아래로 내려다보는 시선이 담겨 있다. 그러나 타일러는 백인 침입자들이 아메리카 원주민 사회를 어떻게 파괴했는지 충분히 인식하고 있었으며, 현대의 '야만인'에게 비교적 동정적인 태도를 가지고 있었다. 무엇보다 타일러는 인간의 정신이 본질적으로는 동일하다는 점을 일관되게 강조해 왔다.

> 그래서 타일러가 원시인에 대해 썼을 때,… 그와 야만인은 고도는 다르지만 같은 경사면을 오르고 있는 것으로 보였다.(Ingold, 1986: 95)

그러한 맥락을 고려해서 잉골드는 '야만인'에 대한 타일러의 시각을 "고도는 다르지만 같은 경사면을 오르고 있는 것"이라는 표현으로 정리했다. 즉 타일러는 문명인과 '야만인'이 서로 다른 높이에 서 있지만 동일한 경사면 위를 함께 오르는 존재라고 파악했다. 여기서 이들은 단절된 종족이 아니라 하나의 인류로 묶인다.

따라서 타일러의 서술에는 이중적 긴장이 깃들어 있다. 타일러는 문명인의 우월성을 전제하는 동시에 문명인의 문제와 한계를 인식했다. '야만인'을 줄곧 낮은 단계의 인류로 여기면서도 그들의 합리성을 인정했다. 그러한 상반된 태도의 공존이야말로 타일러의 '원시문화' 서술을 특징 짓는다.

참고문헌

유기쁨(2023). ≪애니미즘과 현대 세계: 다시 상상하는 세계의 생명성≫. 눌민.

Ingold, T.(1986). *Evolution and Social Life*. Cambridge: Cambridge University Press.

Lacroix, C.(2022). Confronting the Field: Tylor's *Anahuac* and Victorian Thought on Human Diversity. *History of the Human Sciences, 35*(5), pp. 135-156.

Soar, K.(2017). Edward Tylor, Archaeologist? The Archaeological Foundations of 'Mr Tylor's Science'. In Tremlett, P.-F., Sutherland, L. T., & Harvey, G.(eds.). *Edward Burnett Tylor, Religion and Culture*, pp. 141-162. London: Bloomsbury.

Stocking Jr., G. W.(1963). Matthew Arnold, E. B. Tylor, and the Uses of Invention. *American Anthropologist, 65*(4), pp. 783-799.

Tylor, E. B.(1865). *Researches into the Early History of Mankind and the Development of Civilization*. London: John Murray.

Tylor, E. B.(1871). *Primitive Culture: Researches into the Development of Mythology, Philosophy, Religion, Language, Art, and Custom, 1*. London: John Murray. 유기쁨 옮김(2018). ≪원시문화: 신화, 철학, 종교, 언어, 기술, 그리고 관습의 발달에 관한 연구 1권≫. 아카넷.

05
잔존물

'잔존물'은 문화 속에 과거의 흔적이 지속되는 현상을 가리키는 타일러의 용어다. 원래의 맥락에서는 합리적이었으나 새로운 사회에서는 무의미해 보이는 언어적 표현, 민간전승, 관습 등이 잔존물에 속한다. 타일러는 잔존물 연구를 통해 문화의 기원을 추적할 수 있을 뿐 아니라 현대 세계에서 합리적 요소와 비합리적 요소를 구별할 수 있다고 보았다.

잔존물의 정의

안정적인 번영의 시대를 살고 있던 빅토리아인들은 자신들이 사회적·과학적·지성적으로 가장 발달한 사회에서 살고 있다고 믿었다. 그러나 타일러는 발전한 문명사회에도 논리적으로는 존재할 수 없을 것 같은 수많은 현상이 여전히 남아 있다는 사실에 주목했다. 이러한 현상을 어떻게 설명할 수 있을까?

이를 설명하기 위해 타일러가 고안한 개념이 바로 '잔존물(survivals)'이다. 타일러는 원시에서 현대에 이르기까지 문명의 주요 경향은 낮은 단계에서 높은 단계로의 발달이라고 여겼다. 인류 문명을 한 줄로 세운다면 맨 아래에는 '야만인'이, 맨 위에는 타일러 자신이 속한 근대 서구 사회가 위치한다는 것이 ≪원시문화≫에 구현된 타일러의 기본적인 생각이었다.

그러나 모든 곳에서 같은 속도로 발달이 이루어지는 것은 아니다. 전반적인 방향은 진보를 향하더라도, 예외는 늘 존재한다. 현대 세계의 한복판에서도 주위를 둘러보면 도저히 이해할 수 없을 것 같은 비합리적인 요소나 현상을 종종 발견하게 된다.

> 협소한 시각으로 역사를 보면 어떠한 법칙도 없는 듯이 보일 것이다. 문명의 흐름은 스스로 돌고 돌리기 때문이며, 한 시대에 찬란하게 전진하는 흐름처럼 보이는 것들이 다음번 회전에서는 소용돌이치는 회오리 속에서 빙빙 돌아가거나 흐릿하고 성가신 늪 속으로 번져 나갈 수 있기 때문이다.(Tylor, 1871: 196)

타일러는 이러한 예외적 현상을 설명하기 위해 '잔존물' 개념을 고안했다. 그는 잔존물을 "본래 그것들이 있었던 사회가 아닌 새로운 단계의 사회에 이르기까지 습관의 힘에 의해 지속되어 온 과정, 관습, 견해"(Tylor, 1871: 37)로 정의했다. 즉 잔존물은 과거의 맥락에서는 합리적이었지만 새로운 사회적 조건에서는 더 이상 의미가 없거나 무의미하게 남아 있는 요소들을 가리킨다. 타일러는 오늘날에도 남아 있는 '원시적' 혹은 고대적 요소를 잔존물이라 불렀다. 예컨대 에세이 "현대 문명 속 야만적 사고의 잔존에 관하여(On the Survival of Savage Thought in Modern Civilisation)"에서 타일러는 잔존물이 "실질적으로 그것을 부인하는 더 높은 문명의 한복판까지" 지속되는 "낮은 수준의 문화에 속하는 믿음"(Tremlett, 2017: 181)이라고 설명했다. 흔히 '미신'으로 불리는 관습과 도무지 유래를 알 수 없는 아이들의 놀이, 다양한 민간전승, 수수께끼, 의미를 알 수 없는 관용구, 기이해 보이는 관습들이 잔존물에 해당한다.

대수롭지 않아 보이는 잔존물의 진정한 의미를 이해하기 위해서는 역사적 발달 과정을 추적할 필요가 있다. 문명화된 사람에게는 무의미한 것처럼 보이는 말·행동·관습도 그것이 처음 생겨난 때와 장소에서는 합리적 의미를 지니고 있었다. 단, 한때는 합리적이었던 말·행동·관습이 세계가 발전하면서 점점 더 쇠퇴해 단순한 잔존물이 되어 버린다. 타일러는 이렇게 썼다. "원래의 의미는 서서히 자취를 감추고 각 세대는 원래의 의미를 점점 더 잊어버려서, 마침내 그것은 대중의 기억에서 떠나 버린다."(Tylor, 1871: 161) 그 결과 과거의 합리적 행위가 현재의 맥락에서는 단순한 형식만 남아 난센스처럼 보이는 것이다.

스토킹은 잔존물 개념의 이면에 인류의 정신적 동일성에 대한 타일러의 확고한 신념이 깔려 있다고 지적한다(Stocking, 1987: 162). 잔존물 개념이 방법론적으로 유용하려면 인간이 본질적으로 동일한 정신적 구조를 지녔다는 전제가 성립해야 한다. 이러한 전제 위에서 탐구자는 잔존물 개념을 통해 오늘날 비합리적으로 보이는 말이나 행위, 관습으로부터 과거의 합리적 기원을 추론할 수 있다.

그리하여 스토킹은 잔존물이 "현재의 인과적 과정과 과거의 인과적 과정을 결합했다"(Stocking, 1987: 163)고 평가했다.

"당신을 물었던 개의 털"

≪원시문화≫ 3장과 4장에서는 "문화의 잔존물(Survival in Culture)"이라는 제목 아래 다양한 사례가 제시된다. 타일러는 일상 언어, 민간전승, 신비학, 계산법 등 다양한 영역에서 잔존물이 어떻게 남아 있는지 보여 준다.

예를 들어 영어에서 흔히 사용되는 관용구인 "당신을 물었던 개의 털(the hair of the dog that bit you)"은 오늘날 해장술을 가리키는 표현이다. 이 표현은 해를 입힌 것이 치료도 할 것이라는 고대 동종 요법의 발상에서 비롯되었다. 실제로 과거에는 개에게 물린 상처를 치료하기 위해 "당신을 물었던 개의 털"을 쓰기도 했다. 의학이 발달하면서 그러한 치료법은 사라졌지만, 그 상징은 언어적 흔적으로 남아 오늘날까지 이어졌다. 이처럼 과거의 맥락이 지워진 채 형식만 지속되는 것이 바로 잔존물이다.

재채기 후 신의 축복을 비는 관습 역시 세계 여러 문화

권에서 나타난다. 타일러는 "God bless you!"라는 영어 표현을 비롯해 줄루족과 아마코사(AmaXhosa)족의 관용구, 기니와 올드칼라바르, 뉴질랜드, 사모아, 통가, 아시아 각지에서 나타나는 유사한 관습을 제시한다. 타일러는 이러한 사례들이 "도처에 영들이 깃들어 있다가 침입해 오기에, 영들이 선한 영이냐 악한 영이냐에 따라 다르게 대응해야 한다"(Tylor, 1871: 152)는 믿음에서 기원하며, 현대 유럽에 여전히 남아 있는 대표적 잔존물이라고 보았다.

민간전승에서도 옛 의례의 흔적을 발견할 수 있다. 유럽 전역에는 성벽, 다리, 탑, 요새를 튼튼히 세우기 위해 산 사람을 토대에 묻었다는 '토대 희생제의' 전설이 널리 퍼져 있다. 타일러는 이를 고대에 실제로 행해진 "피에 굶주린 미개 의식(儀式)"(Tylor, 1871: 155)의 기억이 전설로 남은 것으로 여겼다. 타일러는 큰 집을 지을 때 첫 기둥을 받칠 깊은 구멍을 파 놓고 산 사람을 집어넣거나 성문 앞에 소년 소녀를 매장하는 등의 관습이 아프리카, 폴리네시아, 아시아의 여러 집단에 의해 실제로 실행되었다고 지적했다. 하지만 유럽에서 그러한 전설을 이야기하는 사람들이 정말로 토대에 산 사람의 피를 먹여야 건축물이 튼튼해진다고 믿는 것은 아니라고 말한다. 즉 이러한 전설은 과거의 실천의 흔적이 남은 잔존물이다.

신비학의 실천 또한 잔존물의 주요 영역이다. 타일러는 해몽, 손금 보기, 카드 점, 마녀에 대한 믿음, 나아가 영적 존재들이 현실 세계의 갖가지 현상을 일으킨다고 여기는 믿음에 이르기까지 다양한 사례를 제시하면서 그것들 역시 과거 문화의 잔존물이라고 말한다. 빙의나 신탁, 공중 부양 등 당대에 한창 부흥했던 심령주의에 대해서도, 타일러는 그것들 모두 "마법이 처음 등장했던 초기 철학의 바로 그 지층에 깊이 뿌리내린"(Tylor, 1871: 203) 믿음과 관습이라고 여긴다.

일반적인 계산 기술에도 잔존물이 남아 있다. 타일러는 오늘날 우리가 십이진법보다 불편한 십진법을 사용하는 까닭에 대해, "손가락과 발가락으로 헤아리는 유아적이고 야만적인 관습"(Tylor, 1871: 373)이 "원시인의 변함없는 유물"(Tylor, 1881: 18)로 지금까지 이어져 왔기 때문이라고 설명한다.

타일러가 보기에 인류 문화에 본래 무의미한 것은 없다. 그것이 생겨난 맥락과 그 이후의 과정을 알지 못하기에 우스꽝스럽고 비합리적인 흔적으로 보일 뿐이다. 인류 문화의 어떤 부분도 원래 맥락에서는 충분한 이유와 의미를 지니고 있었다. 타일러는 인류 문화에서 즉흥적이고 무의미해 보이는 현상조차 확고한 원인과 결과의 범위 안에서 발생한다고 강조하며, 문화과학이 바로 그 합리적이고 지성적인 발달 과정을 추적하는 작업임을 분명히 했다.

잔존물의 부활

잔존물은 대체로 대수롭지 않고 시시해 보이지만, 가끔씩 예상치 못한 방식으로 되살아나 세상을 놀라게 하고 문명의 전진을 가로막기도 한다. 타일러에게 잔존물 개념의 효용은 단순히 현대의 무의미해 보이는 관념이나 관습을 이해하는 데 그치지 않았다. 그것은 수많은 관습과 관념 중에서 무엇을 취하고 무엇을 버려야 할지 식별할 수 있게 해준다는 점에서 더욱 중요했다. 더 나은 사회를 모색하던 빅토리아 시대 지식인으로서의 면모가 드러나는 대목이다.

타일러는 동시대의 복잡하고 혼란스러운 문화 현상을 직접 다루기보다는 이미 지나간 역사를 살피는 것이 인류 문화 연구에 더 적합하다고 되풀이해서 주장했다. '원시문화' 연구가 그저 지적 유희에 불과하다는 비판이 제기되기도 했지만, 타일러는 그러한 견해들을 단호히 기각했다. 타일러가 보기에 현대 문화와 가장 조잡한 '야만인'의 조건 사이에는 직접적이고 긴밀한 연속성이 존재했다. 따라서 잔존물을 정확히 식별하는 것은 민족지 연구에서 핵심적인 과제였다.

타일러가 '원시문화'에 주목한 것은 원시 유토피아에 대한 향수 때문이 아니었다. 타일러는 잔존물 개념을 통해 동시대인들이 자기 사회 안에 남아 있는 시대착오적 요소들에 주목하도록 만들었고, 이로써 '원시문화'를 현재적 관심의 한복판으로 끌어들였다. 더 나아가 미신이나 비합리적 신념 등 '원시문화'의 특징으로 간주된 요소들을 잔존물로 규정하고, 그것을 극복해야 할 과제로 제시했다.

타일러는 문명화된 세계에도 과학적으로 검증된 합리적이고 타당한 견해만 존재하는 것은 아니며, 마땅히 사라져야 할 낡은 신념들과 견해들이 여전히 영향력을 발휘한다고 보았다. 그러면서 무엇이 과학적 증거에 근거한 합리적 견해이고 무엇이 과거의 조야한 교리가 현대 지식의 옷을 입고 되살아난 '미신'인지 구별해야 한다고 강조했다.

타일러에게 자신이 살아가는 19세기 후반은 발견과 개혁의 문들이 가장 활짝 열려 있는 시대였다. 타일러는 이러한 "좋은 날"을 지속하고 더 나은 미래를 열기 위해, 건전한 요소는 촉진하고 잘못된 관습과 신념은 개혁해야 한다고 제안했다. 즉 문명의 빛이 더욱 밝아진 만큼, 문명인들은 더욱 활기차게 진보의 과업을 계속할 수 있다고 여겼다. 그런 의미에서 타일러가 제안한 근대 학문으로서 인류학은 곧 인류의 유익을 도모하고, 진보를 촉진하며, 장애물을 제거하기 위해 애쓰는 "개혁자의 과학"이었다.

잔존하는 문제

타일러는 동시대의 여러 지식인들처럼 과거 사회를 다소 독특하고 변하지 않는 고정된 것으로 간주했다. 한편 자신이 속한 빅토리아 사회는 과거로부터 잔존한 다양한 요소들이 얽혀 있는 훨씬 더 복잡한 실체로 여겼다(Stringer, 2017: 171). 그러나 원주민 부족들은 결코 명확히 정의되는 고립된 사회 집단이 아니며, 타일러가 빅토리아 시대 영국에 대해 가정했던 것 못지않게 복잡한 사회다. 그 안에는 여러 가지 서사적 흐름이 있고 유동적인 일련의 담론들이 존재한다. 마틴 스트링어(Martin Stringer)는 원주민 사회에서 영적 존재가 수행하는 역할이 생각보다 훨씬 복잡하고 미묘한 문제라고 지적한다(Stringer, 2017: 173). 따라서 타일러가 수(Sioux)족이나 줄루족, 아시아·아프리카·오스트레일리아의 다양한 종족들을 단순하고 고정된 집단으로 여기는 경향이나 그들을 화석화된 초기 문명의 대표자로 보는 시각은 더 이상 정당화되기 어렵다.

참고문헌

Stocking Jr., G. W.(1963). Matthew Arnold, E. B. Tylor, and the Uses of Invention. *American Anthropologist, 65*(4), pp. 783-799.

Stocking Jr., G. W.(1987). *Victorian Anthropology*. New York: Free Press.

Stringer, M. D.(2017). Telling Tylorian Tales: Reflections on Language, Myth and Religion. In Tremlett, P.-F., Sutherland, L. T., & Harvey, G.(eds.). *Edward Burnett Tylor, Religion and Culture*, pp. 163-177. London: Bloomsbury.

Tremlett, P.-F.(2017). Deconstructing the Survival in E. B. Tylor's *Primitive Culture*: From Memes to Dreams and Bricolage. In Tremlett, P.-F., Sutherland, L. T., & Harvey, G.(eds.). *Edward Burnett Tylor, Religion and Culture*, pp. 179-194. London: Bloomsbury.

Tylor, E. B.(1871). *Primitive Culture: Researches into the Development of Mythology, Philosophy, Religion, Language, Art, and Custom, 1*. London: John Murray. 유기쁨 옮김(2018). ≪원시문화: 신화, 철학, 종교, 언어, 기술, 그리고 관습의 발달에 관한 연구 1권≫. 아카넷.

Tylor, E. B.(1881). *Anthropology: An Introduction to the Study of Man and Civilization*. London: Macmillan and Co.

06
종교과학

타일러는 종교가 보편적 현상임을 민족지적 자료로 입증하고, 신학적·철학적 논쟁에서 벗어나 종교 현상을 과학적으로 설명하고자 했다. 막스 뮐러와 달리 폭넓은 민족지적 자료를 비교해서 종교의 보편 법칙을 찾으려 했으며, 종교를 계시가 아닌 인간 활동의 산물로 여겼다. 타일러는 "영혼 없이 영혼에 관해 쓴다"는 비판을 예상하면서도, 종교를 합리적으로 설명하는 새로운 길을 열었다.

종교가 없다?

"너 종교 있어?"

"아니, 난 종교 없어."

일상에서 흔히 오갈 수 있는 대화다. 타일러는 종교과학을 본격적으로 다루는 장의 첫머리에서 이와 비슷한 질문을 던진다. 과연 문화 수준이 너무 낮아서 종교적 개념 자체가 전혀 없는 부족이 존재할 수 있을까? 이른바 종교의 보편성에 대한 물음이다.

타일러에 따르면 오랫동안 사람들은 이 질문에 대해 확신에 찬 목소리로 긍정하거나 부정하는 대답을 해 왔다. 그러나 그 근거는 대체로 빈약했다. 특히 자신이 믿는 종교를 기준 삼아 '종교'의 범위를 매우 좁게 잡고서, 그것이 고등한 인종에게서만 나타난다고 주장하는 경우도 많았다. 이는 세계 곳곳의 다양한 종교 현상을 설명하기에는 턱없이 좁은 관점이었다. 이에 타일러는 방대한 민족지적 자료를 근거로 원주민 사회에서도 종교적 개념과 현상이 보편적으로 나타난다고 주장하며, 종교를 바라보는 편협한 시각을 확장하려 했다.

종교를 '과학적'으로 설명하기

타일러는 동식물이나 자연 현상처럼 인간의 문화 역시 과학적으로 연구할 수 있다고 보았으며, 이를 위해 '문화과학'의 방법과 방향을 제시했다. 종교 역시 문화의 근간을 이루는 현상인 만큼 예외가 아니었다. 타일러는 종교가 인간의 삶에서 차지하는 중요성을 인식했고, 동서고금의 다양한 종교 현상을 자연과학의 모델을 참고해 연구할 수 있다고 생각했다. 그리하여 '종교과학(Science of Religion)'을 제안했고, ≪원시문화≫의 절반 이상을 할애해 이 주제를 다루었다.

19세기 후반 유럽에서는 세계 곳곳의 낯선 종교 현상에 대한 정보가 축적되고 있었다. 이에 따라 상식적으로 이해할 수 있는 방식으로 종교 현상을 설명하는 새로운 접근법이 요구되었다. 이전까지는 종교 현상을 이해할 때 자신이 믿는 종교의 교리를 기준으로 '참된 종교'와 '거짓된 미신'을 구분하는 신학적 틀에 의존하는 경우가 많았고, 문명사회에서조차 사람들이 '미신'에 빠지는 이유를 속임수에 빠지기 쉬운 인간 본성의 결함 탓으로 돌리는 철학적 논의가 펼쳐지기도 했다. 그러나 늘어나는 자료 앞에서 이러한 설명만으로는 충분하지 않았다. 타일러의 '종교과학'은 바로 이러한 시대적 요청에 대한 응답이었다.

종교 현상을 객관적이고 합리적인 방식으로 설명하려는 시도는 뮐러 같은 학자들에 의해서도 이루어졌다. 뮐러는 "하나만 아는 사람은 아무것도 모르는 사람이다"라는 경구를 종교 연구에 적용해, 종교와 관련된 여러 사실을 나란히 비교하고 분석하려 했다. 뮐러의 연구가 주로 언어에 집중된 반면, 타일러는 언어뿐 아니라 더욱 폭넓은 민족지 자료들을 수집하고 비교·분석해 일관된 법칙을 찾으려 했다.

이러한 타일러의 작업은 "신학적이라기보다는 민족지적 시각에서"(Tylor, 1871a: 46) 이루어진 것이었다. 타일러는 모든 종교 현상을 자기 종교의 교리에 끼워 맞추려는 태도에서 벗어나, 충분한 증거 자료를 바탕으로 귀납적 연구를 수행하기 위해 주의를 기울였다. 또한 참된 종교와 거짓된 미신을 가르려는 신학적 논쟁이나 인간 본성에 대한 형이상학적 논의와도 거리를 두었다.

타일러는 종교과학에 대한 긴 논의를 마무리하면서 다음과 같이 말했다.

> 엄청나게 광대한 범위에 걸쳐 이루어지는 종교에 관한 민족지의 일반적 연구는 가장 높고 가장 넓은 의미에서 진화론을 지지하는 것처럼 보인다.(Tylor, 1871b: 702)

타일러에 따르면 아득한 옛날부터 그가 주로 활동한 19세기에 이르기까지 인류에게 알려진 많은 교리와 의식은 이전 체계에서 채택되고 수정된 결과물이다. 즉 종교 또한 문화의 일부로서 문명 발달의 법칙에서 예외가 아니다.

타일러는 과학적 종교 연구에서 "신학자, 형이상학자, 생물학자, 물리학자만으로 구성된 어떤 회의"(Tylor, 1871b: 703)가 아니라 각각의 종교 현상에 대해 가능한 한 멀리까지 거슬러 올라가 연구하는 역사학자와 민족지학자의 역할이 중요하다고 강조했다. 그 어떤 종교 현상도 우리 자신과 무관할 정도로 '원시적'이거나 '고대적'이지 않기 때문이다.

영혼 없이 영혼에 관해 말하기

타일러는 자신이 종교과학에 기여할 수 있는 바를 "하등 종교들을 체계화하고, 그것들의 다채로운 세부 사항들을 그것들 모두의 공통 토대가 되는 원시 철학의 몇 가지 단순한 관념들로 축소하는 일"(Tylor, 1871b: 587)로 규정했고, 자신이 이 작업을 "능력의 최대치에 이르도록" 수행했다고 여겼다. 그러나 타일러는 종교 현상을 다루는 자신의

'과학적' 접근법이 논란을 불러일으킬 것을 예상한 듯하다.

> 종교가 무엇보다도 종교적 감정을 의미한다고 여기는 사람들은 나의 주장에 대해, 내가 영혼 없이 영혼에 관해 썼고 영적이지 않게 영적인 것에 관해 썼다고 이야기할지도 모른다. 그렇다고 해도 좋다. 나는 그 말을 사과를 필요로 한다기보다는 계획을 표현하는 것으로 받아들인다.(Tylor, 1871b: 588)

타일러 스스로가 예상한 이 비판은 그의 자기 인식을 드러낼 뿐 아니라 종교과학의 방법론적 선언으로도 읽힌다. 저 문구를 뒤집어 보면, 종교적 또는 영적으로 말하지 않고서도, 혹은 종교적이거나 영적인 무언가를 전제하지 않고서도 종교에 대해 이야기하는 합리적인 종교 연구의 가능성을 보여 주었다는 점에서 타일러의 종교과학은 획기적인 것이었다고 평가할 수 있다.

타일러는 종교를 환원 불가능한 독자적 영역으로 설정하지 않았으며, 그것이 '종교적 기질'에 따른 현상이라고 주장하지도 않았다. 오히려 종교의 지성적 측면을 줄곧 염두에 두고서 종교를 합리적인 마음의 소산으로 설명했다. 따라서 타일러의 종교과학은 종교를 초자연적 계시가 아니라 인간 활동의 결과물로 여기고, 추종의 대상이라기보다는 설명의 대상으로 다루었다는 점에서 종교학 태동기의 대표적인 선구적 종교 이론 가운데 하나로 평가할 만하다. 타일러의 종교과학은 인류 전체의 종교 현상을 합리적으로 설명하는 새로운 길을 열었다.

참고문헌

유기쁨(2018). “해제: 타일러와 ≪원시문화≫”. Tylor, E. B.(1871b). *Primitive Culture: Researches into the Development of Mythology, Philosophy, Religion, Language, Art, and Custom, 2.* London: John Murray. 유기쁨 옮김(2018). ≪원시문화: 신화, 철학, 종교, 언어, 기술, 그리고 관습의 발달에 관한 연구 2권≫, 705-728쪽. 아카넷.

유기쁨(2023). ≪애니미즘과 현대 세계: 다시 상상하는 세계의 생명성≫. 눌민.

Tylor, E. B.(1871a). *Primitive Culture: Researches into the Development of Mythology, Philosophy, Religion, Language, Art, and Custom, 1.* London: John Murray. 유기쁨 옮김(2018). ≪원시문화: 신화, 철학, 종교, 언어, 기술, 그리고 관습의 발달에 관한 연구 1권≫. 아카넷.

Tylor, E. B.(1871b). *Primitive Culture: Researches into the Development of Mythology, Philosophy, Religion, Language, Art, and Custom, 2.* London: John Murray. 유기쁨 옮김(2018). ≪원시문화: 신화, 철학, 종교, 언어, 기술, 그리고 관습의 발달에 관한 연구 2권≫. 아카넷.

07
애니미즘

타일러는 종교의 최소 정의를 "영적 존재들에 대한 믿음"으로 보고, 이를 애니미즘이라고 불렀다. 꿈이나 죽음 같은 경험이 '야만인 철학자'로 하여금 영혼을 상상하게 했으며, 애니미즘이 다신론을 거쳐 유일신론으로 발전했다고 보았다. 그러나 타일러가 애니미즘을 생물학적 현상을 설명하기 위해 등장한 일종의 원시 과학으로 해석한 점은 이후 많은 비판을 받았다. 오늘날에는 오히려 애니미즘을 인간과 비인간 존재의 관계를 새롭게 사유하게 하는 대안적 존재론으로 재조명하는 논의가 활발히 이루어지고 있다.

물에 빠진 사람을 구해 주지 않고 더 밀어 넣기

누군가 물에 빠졌을 때 어떻게 행동해야 할까? 사람들 대다수는 당연히 어떻게든 그를 구해 줄 방법을 찾아야 한다고 여기고, 그것이 인간의 본성이라고 생각할 것이다. 그러나 타일러가 수집한 세계 각지의 관습을 살펴보면 의외의 사실이 드러난다. 어떤 부족은 물에 빠진 사람을 구해 주지 않을 뿐 아니라, 심지어 물에 빠졌다가 구사일생으로 살아 돌아오는 일을 큰 죄악으로 여기기도 했다. 어떤 지역의 어부들은 물에 빠진 이를 건져 주기를 주저했으며, 심지어 강제로 다시 물속에 밀어 넣어 익사시키기도 했다.

왜 그런 관습이 존재하는 것일까? 타일러는 익사와 관련된 다양한 사례를 나열하며, 그러한 이해할 수 없는 관습의 바탕에는 영적 존재에 대한 믿음이 놓여 있다고 설명한다. 좀 더 구체적으로 말하자면 "물에 빠진 사람을 구조하는 것은 물의 영의 손아귀에서 희생자를 낚아채는 일"이며, "복수하지 않고 지나가는 일이 거의 없는 신적 존재에 대한 무모한 도발"(Tylor, 1871a: 160-161)로 여겨졌다.

또한 타일러는 재채기를 하고 나서 신의 가호를 비는 관용구, 성벽을 지을 때 인간의 피를 바치는 토대 희생제의 등 다양한 사례를 분석했다. 그리고 그 근저에서 공통적으로 드러나는 것은 영적 존재들에 대한 믿음이라고 여겼다. 타일러가 보기에 영혼이나 영에 관한 상상은 인류가 살아가는 곳이라면 어디서나 거의 보편적으로 발견되는 현상이었다.

최소한도로 종교 정의하기

대항해 시대 이래로 미지의 세계를 탐험한 많은 유럽인들은 자신이 만난 부족에게 종교가 없다고 단언했다. "신학자들이 자기네 신과는 다른 신격을 믿는 사람들을 흔히 무신론자로 치부해 왔던 것과 같은 방식으로 … 자기네 것과는 다른 교리를 지닌 부족들에 대해서 그들에게는 종교가 없다고"(Tylor, 1871b: 17) 주장한 것이다. 하지만 타일러는 탐험가들과 선교사들, 여행자들의 그러한 확신을 곧이곧대로 받아들이지 않았다. 오히려 다양한 자료를 근거로 그 주장이 얼마나 빈약한 근거 위에 서 있는지 입증했다. 타일러는 최고 신격이나 사후 심판에 대한 믿음이 있는지, 특정한 교리나 의식이 존재하는지 등의 협소한 기준으로 종교의 유무를 판별하려는 경향의 문제점을 지적했다.

근대 서구의 수많은 지식인들은 자기네 종교를 기준으

로 삼아 그것에 합치하는 것만을 종교로 인정했지만, 타일러는 "하나의 종교만 이해하는 사람은 그 종교조차 제대로 이해할 수 없다"(Tylor, 1871b: 18)고 주장하며 더욱 신중한 접근을 촉구했다. 타일러는 인간이 사는 곳이라면 언제 어디서든 영적 존재에 대한 믿음이 거의 보편적으로 나타난다는 것을 알아차렸다. 따라서 동서고금의 다양한 신앙과 관습을 연구하기 위해서는 그리스도교를 기준으로 종교를 정의하기보다 훨씬 더 넓은 의미 범위를 갖도록 새롭게 종교를 정의할 필요가 있다고 생각했다.

그리하여 타일러는 좀 더 보편적인 맥락에서 폭넓게 적용할 수 있는 새로운 기준으로 "영적 존재들에 대한 믿음"을 최소한도의 종교 정의로 채택했고, 이를 '애니미즘(animism)'이라고 불렀다. 이러한 제안에는 종교를 가능한 한 단순하게 정의함으로써 오히려 더 많은 현상을 포괄하려는 의도가 담겨 있었다.

이 용어는 독일의 화학자이자 의사인 게오르크 에른스트 슈탈(Georg Ernst Stahl)에게서 차용한 것이지만, 슈탈이 아니마(anima)를 살아 있는 신체에 활력을 주는 원소로 설명한 것과 달리 타일러의 애니미즘은 '생명력'보다는 '영혼'을 강조했다. 타일러의 애니미즘에서 영혼이나 영적 존재들은 물질세계의 사건에 영향을 미치거나 그것을 조정할 수 있는 존재로 이해된다.

최초이자 최소한의 종교

타일러는 '하등 인종들' 사이에서 두드러지게 나타나는 애니미즘, 곧 영적 존재에 관한 교리의 발달을 체계적으로 검토하기 시작했다. 세계 각지의 방대한 자료를 토대로 애니미즘의 본질과 의미를 분석하고, 그것이 현대적 사유의 한복판까지 이르게 된 역사적 과정을 추적했다.

타일러가 보기에 '원시인'들은 죽음과 꿈 같은 생명 현상을 통해 인간 영혼의 존재를 추론했고, 점차 그 범위를 넓혀서 동물과 식물의 영혼, 심지어 물체의 영혼까지 상상하게 되었다. 다양한 영적 존재들에 대한 믿음은 점점 더 발전해서 숲의 신, 하늘의 신, 바람의 신 같은 더욱 강력한 영들을 상상하는 다신론으로 이어졌고, 신들 사이의 위계가 형성되면서 마침내 하나의 지고신을 믿는 유일신론이 나타났다. 즉 영적 존재들에 대한 믿음이 다신론을 거쳐 유일신론에 이르렀다.

이처럼 타일러에게 애니미즘은 모든 종교가 그로부터 유래한 최초이자 최소한의 형태였다. 타일러는 애니미즘이 인류 가운데 매우 낮은 단계의 부족들에게서 특징적으로 나타나지만, 현대 문명사회의 한복판에서도 여전히 발견된다고 보았다. 다시 말해 애니미즘은 '야만인'에서 문명인에 이르기까지 인간이 사는 곳이라면 어디에서나 발견되는 보편적 현상이었다.

영적 존재를 상상하게 된 까닭

타일러는 인간이 영적 존재를 상상하게 된 맥락을 두 가지 보편적 경험에서 찾았다.

> 생각하는 인간은, 낮은 수준의 문화에서도, 두 종류의 생물학적 문제에서 깊은 인상을 받았던 것 같다. 첫째, 무엇이 살아 있는 몸과 죽은 시체를 서로 다르게 만드는 것일까? 무엇이 자고 깨는 것, 망아(忘我), 질병, 죽음을 야기하는 것일까? 둘째, 꿈이나 환상 속에서 나타나는 인간의 형상들은 무엇일까?(Tylor, 1871b: 27)

잠, 꿈, 질병, 죽음은 몸을 가진 인간이라면 누구나 겪는 기본적인 생물학적 사실이지만, 그 원리에 대해 우리가 아는 것은 오늘날에도 많지 않다. 생성형 인공지능이 일상생활에 침투해 널리 사용되는 하이테크놀로지 시대에도, 죽은 뒤에 어떻게 되는지 명확히 밝혀진 것은 없다. 타일러는 고대의 인간 또한 이러한 현상을 관찰하면서 근본적 물음을 품었을 것이라고 생각했다. 타일러가 상상한 인간은 '야만인'이든 문명인이든 어떤 현상에 대해 원인을 궁금해하면서 합리적으로 추론하고 적절한 대답을 추구하는 존재이기 때문이다.

타일러는 고대의 '야만인 철학자'들이 그러한 물음을 깊이 생각하다가 마침내 생기를 불어넣는 영혼의 존재를 상상하게 되었으리라고 여겼다. 가령 '원시인'이 꿈에서 자신이 이동하거나 누군가를 만난 경험을 토대로 육체와 구별되는 또 다른 실체, 곧 영혼의 존재를 추론했을 것이라고 여겼다. 또한 살아 있는 몸과 죽은 시체의 차이를 만드는 것도 영혼의 유무로 설명되었을 것이라고 봤다.

이렇게 탄생한 원시 애니미즘은 타일러에게 "인간의 분명한 감각적 증거에 대해 가장 강력한 방식으로 대답하는 상당히 일관되고 합리적인"(Tylor, 1871b: 29) 설명이었다. 타일러는 애니미즘을 단순한 미신이 아니라 세상의 이치를 해명하려는 원시 철학, 나아가 자연의 사실들을 매우 잘 설명해 주는 일종의 원시 과학으로 이해했다.

그러나 스토킹은 타일러의 논의를 비판하며 "마치 원시인이 과학을 창조하려다가 우연히 실수로 종교를 만들어 냈고, 인류는 나머지 진화의 시간 동안 그 실수를 바로잡으려 애써 온 것과 같다"(Stocking, 1987: 192)고 신랄하게 비꼬았다. 스토킹이 타일러의 종교 이론을 비판한 까닭은 타일러가 종교를 이성적 사고의 실패 혹은 오류인 것처럼 그려 냈기 때문이다. 타일러에게 '원시 과학'으로서 종교는 궁극적으로 과학에 의해 대체되어야 할 것이었다. 즉 스토킹은 타일러의 이론이 종교를 단순한 "지성적 실수"이자 인류의 진화 과정에서 발생한 일시적 오류로 격하했다는 점을 비판했다.

그럼에도 타일러의 논의를 다른 시각에서 읽을 여지도 있다. 타일러는 동서고금의 인간들이 "대체로 손으로 만질 수도 눈으로 볼 수도 없지만 물리적 힘을 드러내"(Tylor, 1871b: 28)는 무언가를 감지했고, 이를 설명하기 위해 영혼이나 영적 존재를 가정하게 되었다고 생각했다. 종교사회학자 마틴 스트링어는 타일러의 애니미즘 논의가 "사실상 모든 인간 사회는 과학을 통해 완전히 검증할 수 없는 존재나 힘과 어떤 식으로든 관계를 맺고 있다"(Stringer, 2017: 169)는 기본적 관찰을 바탕으로 한다고 말한다. 이것이 타일러의 애니미즘 논의의 기본 토대다.

빅토리아 시대의 지식인이었던 타일러에게 세계 곳곳의 원주민 사회에서 발견되는 애니미즘, 즉 영적 존재들이 도처에 있다고 믿고 살아 있지 않은 것을 살아 있는 것처럼 대하는 관습은 과학이 발달하기 이전 생물학적 현상을 설명하기 위한 어린애 같은 믿음에 불과했다. 그러나 이를 과학이 검증할 수 없는 존재나 힘에 관한 사유, 곧 인간과 비인간이 지닌 보이지 않는 힘에 관한 이야기, 삶과 죽음을 넘나드는 존재의 영향력에 관한 이야기로 읽어 낸다면 훨씬 흥미롭다.

최근에는 타일러의 근대적·서구중심적·인간중심적 한계를 비판하며 원주민 사회의 존재론을 새롭게 탐구하는 '새로운 애니미즘' 논의가 활발히 전개되고 있다. 이때 애니미즘은 더 이상 종교의 기원을 설명하기 위한 개념이 아니라 비인간 존재들의 생명성과 그들과의 관계를 민감하게 인식하는 세계관이자 삶의 방식으로서 주목된다. 이러한 논의는 각지의 원주민 사회를 오랫동안 현지조사해 온 인류학자들을 중심으로 전개되어 왔다.

인간이 지구 생태계에 미친 부정적 영향을 실감하는 오늘날, 근대성에 대한 대안적 가치를 모색하는 흐름 속에서 애니미즘이 다시 주목받고 있다. 점점 더 많은 이들이 세계 속 다양한 존재들과 새로운 방식으로 관계 맺으려는 시도를 이어 가면서, 애니미즘은 그 탐색의 중요한 실마리로 떠오르고 있다.

참고문헌

유기쁨(2018). "해제: 타일러와 ≪원시문화≫". Tylor, E. B.(1871b). *Primitive Culture: Researches into the Development of Mythology, Philosophy, Religion, Language, Art, and Custom, 2.* London: John Murray. 유기쁨 옮김(2018). ≪원시문화: 신화, 철학, 종교, 언어, 기술, 그리고 관습의 발달에 관한 연구 2권≫, 705-728쪽. 아카넷.

유기쁨(2023). ≪애니미즘과 현대 세계: 다시 상상하는 세계의 생명성≫. 눌민.

유기쁨(2025). "경계를 횡단하는 애니미즘: '인류세'에 타일러 다시 읽기". ≪종교문화비평≫, 47, 153-184쪽.

Harvey, G.(ed.)(2014). *The Handbook of Contemporary Animism.* London & New York: Routledge.

Stocking Jr., G. W.(1987). *Victorian Anthropology.* New York: Free Press.

Stringer, M. D.(2017). Telling Tylorian Tales: Reflections on Language, Myth and Religion. In Tremlett, P.-F., Sutherland, L. T., & Harvey, G.(eds.). *Edward Burnett Tylor, Religion and Culture,* pp. 163-177. London: Bloomsbury.

Tylor, E. B.(1871a). *Primitive Culture: Researches into the Development of Mythology, Philosophy, Religion, Language, Art, and Custom, 1.* London: John Murray. 유기쁨 옮김(2018). ≪원시문화: 신화, 철학, 종교, 언어, 기술, 그리고 관습의 발달에 관한 연구 1권≫. 아카넷.

Tylor, E. B.(1871b). *Primitive Culture: Researches into the Development of Mythology, Philosophy, Religion, Language, Art, and Custom, 2.* London: John Murray. 유기쁨

옮김(2018). ≪원시문화: 신화, 철학, 종교, 언어, 기술, 그리고 관습의 발달에 관한 연구 2권≫. 아카넷.

08
영혼

타일러는 인간의 생물학적 현상을 설명하기 위해 등장한 영혼 개념이 점차 동물과 식물, 나아가 무생물 물체의 영혼에 대한 믿음으로 확장되었다고 보았다. 그러면서 물체에도 영혼이 있다고 상상하는 애니미스트들을 유아적 사고 단계에 머물러 있는 존재로 평가했지만, 동시에 인간의 영혼을 인정한다면 물체의 영혼 또한 인정하는 것이 논리적으로 일관된 태도라고 지적했다.

아니마

애니미즘은 생명, 숨, 영혼 등을 뜻하는 라틴어 '*anima*'에서 유래한 용어다. 타일러가 특히 주목한 의미는 '영혼'이었다. 타일러의 설명에 따르면 '야만인들' 사이에서는 생명의 기능이 영혼으로 인해 발휘된다고 보는 원시 애니미즘의 생기론이 널리 퍼졌고, 사람들은 다양한 신체적·정신적 상태를 영혼이 떠난 결과로 이해했다. 타일러는 이러한 관념에 주목하면서 그림자, 피, 눈동자, 맥박, 숨과 같은 단어들이 여러 지역에서 영혼을 가리키는 표현으로 사용되어 왔다고 지적했다.

타일러에 따르면 애니미즘, 곧 영적 존재들에 대한 믿음은 세계를 이해하기 위해 애쓰는 과정에서 시작되었다. 그리고 인간의 영혼이 존재한다는 믿음은 점차 인간 너머로 확대되어 동물의 영혼, 식물의 영혼, 물체의 영혼에 대한 믿음에 이르렀다.

동물 영혼

야만인들은 살아 있거나 죽은 짐승에게 마치 살아 있거나 죽은 인간에게 하듯 진지하게 말을 걸고, 경의를 표하며, 그들을 사냥하거나 죽여야 하는 괴로운 임무를 수행해야 할 때는 그들에게 양해를 구한다.(Tylor, 1871b: 79)

인간과 짐승의 절대적인 정신적 차이에 관한 관념은 문명화된 세계에서는 너무나 일반적이지만, 하등 인종들에게서는 거의 찾아보기 어렵다.(Tylor, 1871b: 81)

근대적 지식인이었던 타일러는 인간과 동물 사이에 본질적 차이가 존재한다고 전제했지만, '야만인들'은 그 차이를 명확히 인식하지 못한다고 여겼다. 즉 인간에게서 나타나는 삶과 죽음, 꿈 등의 생물학적 현상이 동물에게서도 발견되기 때문에, '야만인들'이 동물에게도 영혼이 존재한다는 논리적 결론에 다다랐다고 봤다. 타일러는 자신이 수집한 다양한 사례[북미 원주민, 그린란드인, 마오리족, 마다가스카르의 호바(Hova)족, 캄차달(Kamchadal)족, 쿠키족(Kuki), 카렌(Karen)족, 줄루족, 시암(Siam)족 등]를 통해 동물의 영혼에 대한 믿음이 '원시' 문화 전반에 걸쳐 폭넓게 나타남을 보여 주었다. 가령 북미 원주민과 마오리족은 개의 영혼이 죽은 뒤에도 계속 존재한다고 믿었으며, 캄차달족은 가장 작은 파리조차 저승에서 다시 살아간다고 여겼다. 또한 여러 부족들은 동물을 죽일 때 용서나 양해를 구하는 의례를 수행했다. 예를 들어 에조의 아이누(Ainu)족은 곰의 고기를 잘라 내기 전에 곰에게 절을 했고, 캄보디아의 스티엥(Stiêng)족은 그들이 죽인 동물에게 용서를 빌었다.

사실 동물의 영혼에 대한 믿음이 유럽 밖의 '원시 부족'들에만 국한된 것은 아니었다. 서구 철학사에서도 생명과 영혼의 관계에 대한 논의는 오랜 역사를 지닌다. 예를 들어 플라톤은 영혼이 합리적 영혼(지성과 자제력), 정신적 영혼(활동과 의지), 욕구적 영혼 등 세 부분으로 이루어져 있다고 여겼다. 아리스토텔레스는 "영혼은 살고 있는 몸의 원인이자 원리"(아리스토텔레스, 2020: 31)라고 이야기하며, 식물과 동물, 인간에게 깃든 영혼의 능력들을 탐구했다.

타일러는 고대 그리스·로마 철학자들의 논의에는 크게 관심이 없었지만, 피타고라스나 플라톤처럼 동물에게 불사의 영혼을 인정하는 전통, 혹은 동물에게 열등한 영혼만을 인정하는 유베날리스의 견해를 알고 있었다. 또한 타일러는 동물을 단순한 기계로 축소한 르네 데카르트(René Descartes)의 입장부터 동물이 다음 생에서는 더 높은 단계로 나아간다는 존 웨슬리(John Wesley)의 견해까지 양극단에 걸쳐 근대 유럽 사상가들이 보인 다양한 견해를 파악하고 있었다.

그럼에도 타일러는 동물의 영혼에 대한 믿음을 근대 세계에서 사라져야 할 일종의 잔존물로 간주했다. 타일러의 눈에 그것은 "감상적인 허튼소리"(Tylor, 1871b: 84)에 지나지 않았다. 그래서 동물 영혼을 믿는 여러 부족의 사례를 소개한 직후 그러한 믿음의 필연적 결과로 동물 희생제의 관습을 덧붙였다. 이는 사후에도 고인을 위해 동물을 부리기 위해 무덤에서 동물을 살해하는 관습이었다. 타일러는 동물이 본래 인간을 위해 존재한다고 전제했기 때문에 동물에게 영혼이 있다고 믿는다면 사후 세계에서도 고인의 영혼을 섬기도록 동물을 희생시키는 것이 논리적 귀결이라고 여긴 듯하다.

영적 존재에 대한 믿음을 다루는 타일러의 논의는 동물에 이어 식물로 확장된다.

식물 영혼

우리는 동물과 마찬가지로 식물에게서도 삶과 죽음, 건강과 질병 같은 생물학적 현상을 관찰할 수 있다. 그러니 타일러가 볼 때 생명 현상을 영혼과 연관 짓는 사람들이 식물 역시 어떤 종류의 영혼을 지닌 존재로 여기는 것은 자연스러운 결과였다.

유럽의 지식인들 사이에서도 식물이 영혼을 지니며, 더 나아가 식물보다 고등한 유기체에게도 일종의 '식물 영혼'이 부가적으로 존재한다는 관념이 중세 철학 전반에 널리 퍼져 있었다. 타일러는 이를 인지하고 있었다. 이때 아리스토텔레스의 영향은 특히 중요하다. 아리스토텔레스는 살아 있는 모든 것에 영혼을 부여하면서도 거기에 위계적 질서를 상정했다. 즉 식물에게는 '영양 영혼'(식물 영혼)만 존재하고, 그보다 높은 위계의 동물은 '지각 영혼' 또한 지니며, 존재의 정점에 자리하는 인간에게는 합리적 영혼까지 부여된다고 여겼다.

타일러는 영적 존재에 대한 믿음을 '야만인들'의 자연철학에서 비롯한 것으로 여겼다는 점에서 아리스토텔레스와 달랐지만, 세계의 존재들 사이에는 넘을 수 없는 선이 있으며 다른 모든 존재가 인간을 위해 존재한다고 가정했다는 점에서는 아리스토텔레스와 유사한 견해를 지녔다.

그러나 타일러는 세계 곳곳에서 아리스토텔레스의 존재의 위계에서 벗어난, 이를테면 '좀 더 평등한' 식물 영혼의 사례를 발견했다. 예컨대 소시에테 제도 사람들은 식물 역시 동물과 마찬가지로 몸이 죽어도 그 영혼은 살아남는다고 믿었으며, 보르네오섬의 다약(Dayak)족은 인간과 동물뿐 아니라 식물에게도 영혼이 있다고 여겨서 논의 영, '세만가트 파디(Semangat Padi)'를 보호하기 위해 잔치를 열었다. 카렌족 역시 인간과 동물과 식물은 모두 제각기 '라'(영혼)를 지닌다고 믿었다. 더 나아가 인간이 식물로 환생한다는 믿음, 나무의 영에 대한 신앙과 나무 숭배의 관습 등도 식물 영혼에 대한 믿음의 사례로 제시되었다.

이처럼 타일러는 근대 세계에 은연중 자리 잡고 있던 '식물 무시'의 관점이 결코 보편적인 것이 아님을 다양한 사례를 통해 보여 주었다. 의도한 것은 아닐지라도, 자료가 말하게 한 셈이다.

그러나 타일러는 인간과 식물 사이에 '이용' 외에는 그 어떤 가능한 관계도 상상하지 못한 듯하다. 타일러의 시각에서 식물은 당연히 인간의 이용을 위해 존재하는 것이기에, 식물에 영혼이 있다고 믿는 사회라면 마땅히 장례식 때 죽은 자에게 식물을 보내는 장례 희생제의 관습이 널리 나타나야 할 터였다. 그러나 실제로는 그러지 않았기에, 타일러는 하등 인종들이 식물의 영혼에 대한 명확한 견해를 지니지 않은 것 같다고 결론지었다.

이제 타일러의 관심은 동물에서 식물로, 나아가 무생물로 확장된다. 타일러가 특히 주목한 것은 물체의 영혼이었다.

물체 영혼

타일러가 문명화된 세계와 '하등 문화'의 인식 차이를 가장 두드러지게 강조한 것은 물체의 영혼에 관한 논의에서였다. 타일러는 인간이나 동물은 물론이고 식물에게도 "생명의 원인으로서 분리 가능한 영이나 영혼이 존재한다는 관념"(Tylor, 1871b: 91)은 '하등 문화'뿐 아니라 자신이 속한 문명 세계에서도 널리 나타난다고 여겼다. 타일러가 볼 때 살아 있는 존재에게 영혼이 있다는 생각은 고대 그리스의 플라톤과 아리스토텔레스부터 자신의 동시대인들에 이르기까지 공감할 수 있는 주제였다.

그런데 타일러가 특히 주목한 것은 이른바 야만인이나 미개인 사회에서 광범하게 나타나는 물체의 영혼에 대한 믿음이었다. 타일러는 문명인의 눈에는 생명 없는 사물에 불과한 대상(주전자, 돌, 의복, 강 등)에 인격과 생명을 부여해 살아 있는 지성적 존재로 여기는 현상이 도처에서 발견된다는 사실에 관심을 기울였다. ≪원시문화≫에서 타일러는 이러한 흥미로운 현상을 설명하는 데 동물이나 식물의 영혼을 다룰 때보다 훨씬 많은 지면을 할애했다.

타일러는 생명 없는 사물에 말을 걸거나 그것을 달래고, 때로는 벌을 내리는 원시사회의 관습을 "원시적이고 어린애 같은"(Tylor, 1871b: 93) 것으로 묘사하면서 이 같은 '낮은 단계의 정신문화'를 이해하기 위해서 어린 시절 장난감을 인격적으로 대했던 경험을 떠올려 보라고 제안한다. 그러나 이러한 비교는 후대 학자들에게 많은 비판을 받았다.

근대적 지식인이자 인간중심적 시각으로 세계를 설명하려 했던 타일러는 자연이 인간을 위해 존재한다고 가정했고, 장례 희생제의에 물체가 포함된다는 사실을 물체의 영혼에 대한 믿음을 보여 주는 중요한 증거로 제시했다. 장례식에서 죽은 자를 위해 물건을 태우거나 묻어서 망자에게 전달하려는 의식은 여러 사회에서 발견되며, 타일러는 그 사실에 주의를 기울였다.

흥미로운 것은 타일러의 양가적 태도다. 타일러는 한편으로 물체를 살아 있는 존재처럼 대하는 태도를 인류의 유아기에 나타나는 현상으로 폄하했다. 그러나 다른 한편으로는 꿈이나 환시에서 물체의 환영을 본 사람들이 물체의 영혼을 상상하는 것은 논리적으로 타당한 결과라고 여기고 이를 옹호했다. 예를 들어 사람들이 유령이나 귀신을 벌거벗은 모습이 아니라 항상 옷을 입은 모습으로 상상한다는 사실은 은연중에 물체의 영혼을 인정하고 있다는 증거다. 그래서 타일러는 물체의 영혼과 관련해서는 "생물학적 원칙에 따라 해석된 감각의 증거"에 충실한 '야만인'의 논리가 일관성이 있다고 보았다. 반면 문명인은 인간 영혼의 교리에만 몰두하면서 물체의 영혼을 무시하거나 거부한 탓에 논리적 혼란에 빠졌다고 지적했다. 타일러에 따르면 인간의 영혼은 인정하면서도 물체의 영혼을 부정하는 사람은 "야만인의 논리도 아니고 문명화된 철학자의 논리도 아닌, 견해의 혼종 상태"(Tylor, 1871b: 94)에 빠진 것이다.

타일러는 북미 오지브와족을 물체의 영혼 교리를 분명하고 뚜렷하게 주장한 대표적 사례로 제시했다. 오지브와족은 인간과 동물뿐 아니라 주전자 같은 무생물 물체조차 그 안에 비슷한 본질이 있다고 믿었기 때문이다.

한 세기 뒤 미국의 인류학자 어빙 핼러웰(Irving Hallowell)은 캐나다 중남부에서 오지브와족을 연구해 "오지브와족의 존재론, 행동 그리고 세계관(Ojibwa Ontology, Behavior, and World View)"을 발표했다. 핼러웰은 오지브와족의 '사람' 범주가 인간에 국한되지 않는다고 보았고, 동물과 식물은 물론 돌 같은 물체까지 포함하는 "인간이 아닌 사람(other-than-human persons)"이라는 표현을 사용했다. 핼러웰이 오지브와족에게서 발견한 것은 영혼이 없는 존재에게 영혼을 부여하는 유치한 믿음이 아니라, 인간과 비인간이 함께 소통하는 공동체적 세계였다.

특히 핼러웰은 족장 윌리엄 베렌스(William Berens)와의 대화를 통해 모든 돌이 일괄적 기준에 따라 살아 있다고 여겨지는 것은 아니라는 사실을 알게 되었다. 어떤 돌은 살아 있지만 어떤 돌은 그렇지 않은데, 핼러웰은 오지브와족이 그들의 경험에 따라 그렇게 판단한다고 설명했다. 오지브와족이 자신과 서로 소통하는 관계 속에 있다고 경험하는 대상이 그들에게 살아 있는 존재, 곧 '사람'이었다.

이처럼 한 세기 뒤 학자들은 타일러가 어린애 같은 믿음이라고 본 것을 관계론적 세계관 그리고 삶의 방식으로 새롭게 평가하기 시작했다.

참고문헌

방원일(2014). "원시종교 이론에 나타난 인간과 동물의 관계". 박상언 엮음. ≪종교와 동물 그리고 윤리적 성찰≫. 모시는사람들.

아리스토텔레스 지음, 오지은 옮김(2020). ≪영혼에 관하여≫. 아카넷.

유기쁨(2025). "경계를 횡단하는 애니미즘: '인류세'에 타일러 다시 읽기". ≪종교문화비평≫, 47, 153-184쪽.

플라톤 지음, 천병희 옮김(2019). ≪테아이테토스/필레보스/티마이오스/크리티아스/파르메니데스≫. 도서출판 숲.

Hall, M.(2011). *Plants as Persons: A Philosophical Botany*. SUNY Press. 유기쁨 옮김(2024). ≪식물 사람: 철학적 식물학≫. 서울대학교출판문화원.

Hallowell, A. I.(1960). Ojibwa Ontology, Behavior, and World View. In Diamond, S.(ed.). *Culture in History: Essays in Honor of Paul Radin*, pp. 19-52. New York: Columbia University Press.

Harvey, G.(2006). *Animism: Respecting the Living World*. New York: Columbia University Press.

Tylor, E. B.(1871a). *Primitive Culture: Researches into the Development of Mythology, Philosophy, Religion, Language, Art, and Custom, 1*. London: John Murray. 유기쁨 옮김(2018). ≪원시문화: 신화, 철학, 종교, 언어, 기술, 그리고 관습의 발달에 관한 연구 1권≫. 아카넷.

Tylor, E. B.(1871b). *Primitive Culture: Researches into the Development of Mythology, Philosophy, Religion, Language, Art, and Custom, 2*. London: John Murray. 유기쁨 옮김(2018). ≪원시문화: 신화, 철학, 종교, 언어, 기술, 그리고 관습의 발달에 관한 연구 2권≫. 아카넷.

09
유물론적 애니미즘

타일러는 애니미즘을 유물론의 반대편에 두었지만, 역설적이게도 그가 묘사한 원시 애니미즘은 영혼마저 물질적 실체로 이해하는 유물론적 성격을 띤다. 타일러는 원시 애니미즘에서 영혼이 "에테르적 실체"를 지닌 물질적 존재였으나, 근대에 이르러 비물질적 존재가 되었다고 보았다. 타일러의 설명에 따르면 근대에 이르러 과학이 물질세계를 해석하는 권위를 차지하면서 종교는 비물질적 영역으로 후퇴했다. 그럼에도 애니미즘은 '감응하는 물질세계'에 대한 사유의 가능성을 남기며, 오늘날 인간과 세계의 관계를 다시 묻기 위한 중요한 단초를 제공한다.

영혼의 물질성

타일러가 영적 존재들에 대한 믿음을 최소한도의 종교 정의로 제안하고 이를 애니미즘이라 부를 때, 영혼과 애니미즘(종교)은 한 타래로 묶인다. 타일러는 영혼을 '원시'부터 근대에 이르기까지 종교의 핵심으로 가정했다. 그러나 타일러는 '원시' 종교와 근대 종교 사이에 뚜렷한 차이가 존재한다고 보았다. 영혼의 성질에 관한 상반된 이해가 드러난다는 것이다.

타일러에 따르면 '하등 인종'들은 영혼을 철저히 몸의 모습으로 상상했으며, 영혼이나 유령이 눈에 보이는 형태뿐 아니라 목소리까지 가지고 있다고 믿었다. 타일러는 "꿈과 환시가 현존하는 객관적 형체들에 의해 야기된다고 보는 개념,… 영혼과 그림자 및 숨과의 동일시는 영혼을 실체적인 물질적 존재로 취급"(Tylor, 1871b: 61)하게 만들었다고 설명했다. 세계 각지에서 발견된, 단단한 물체에 영혼이 지나갈 수 있도록 구멍을 뚫는 관습은 바로 이러한 물질적 영혼관의 표현이다. 가령 이로쿼이(Iroquois)족은 영혼이 몸을 찾아갈 수 있도록 무덤에 구멍을 남겨 두곤 했다. 유령이나 귀신의 발자국을 확인하기 위해 재를 뿌리는 관습도 널리 퍼져 있었다. 영혼의 무게를 언급하는 이야기들 역시 같은 맥락에서 생겨났다. 모두 영혼을 실체적 몸으로 여겼기 때문에 생겨난 관습이다.

타일러는 원시 애니미스트들이 영혼을 "에테르 같은 성질, 혹은 수증기 같은 물질성"(Tylor, 1871b: 66)을 지닌 것으로 상상했다고 여겼다. 그러나 근대에 이르러 사람들은 그러한 "에테르적 실체"를 포기했고, 영혼을 비물질적 존재, 즉 "그림자의 그림자(the shadow of a shade)"(Tylor, 1871b: 123)로 이해하게 되었다. 타일러의 말처럼, 오늘날의 비물질적 영혼관은 비교적 근래에 자리 잡은 것이다.

원시 애니미즘의 유물론적 성격

흥미로운 점은 타일러가 묘사한 원시 애니미즘이 의외로 유물론적 성격을 띤다는 것이다. 일반적으로 유물론은 물질을 세계의 근본적 실재로 보는 철학적 입장을 뜻한다. 애니미즘이 영혼, 유령, 귀신 등 다양한 영적 존재들에 대한 믿음을 가리킨다면, 애니미즘은 어떻게 물질을 근간으로 하는 유물론과 연결될 수 있을까?

타일러에 따르면 영적 존재들에 대한 믿음, 곧 애니미즘(종교)은 물리적 세계에서 죽음이나 꿈과 같은 생물학적 현상을 이해하려는 시도에서 비롯되었다. 하지만 애니미즘은 거기서 멈추지 않고 자연 현상을 비롯한 물리적 세계의 작용을 설명하는 데서도 핵심적인 역할을 해 왔다. 타일러는 야만인들에 대해 "[그들의] 공상은 항상 실제적이고 물질적인 무언가에 근거를 둔다"(Tylor, 1871a: 408)는 평에 동의했다. 실제로 그들은 영적 존재들이 물질세계의 사건에 영향을 미치거나 그것을 조정한다고 믿었다(Tylor, 1871b: 25).

또한 타일러는 인간이 사물이 발산하는 이미지를 통해 그것을 지각할 수 있다고 본 데모크리토스의 견해나, 사물의 얇은 막 같은 이미지(simulacra)가 감각 기관에 의해 지각된다고 설명한 루크레티우스의 이론을 언급하면서 이를 원시 애니미즘의 물체의 영혼 교리와 비교했다. 그러면서 "문명화된 철학이 원시 애니미즘에 진 빚"(Tylor, 1871b: 119)을 거론하기도 했다.

타일러는 애니미즘을 "유물론적 철학에 반대되는 심령주의 철학의 정수"(Tylor, 1871b: 24)로 규정했지만, 정작 그의 서술 속 원시 애니미즘은 유물론적 성격을 강하게 띠고 있다.

근대 세계에서 애니미즘의 변용

타일러에 따르면 근대 세계에 들어서면서 애니미즘, 곧 종교의 성격은 크게 변했다. 무엇보다 자연 현상을 비롯한 물리적 세계의 작용에 대한 설명의 권위가 과학으로 넘어갔다. '하등 인종'에게 애니미즘이 담당했던 역할을 근대 세계에서는 과학이 대신하게 되었다.

타일러는 애니미즘을 "야만인들의 생물학"(Tylor, 1871b: 37)이라고 부르며, 그들의 교리와 의식이 "직접적인 자연의 증거와 숨김없는 실제적 목적으로 실행된 행위의 결과"(Tylor, 1871b: 122)라고 평가했다. 그러나 근대 세계에서 "자연에 전반적으로 인격적 생명을 부여하는 어린애 같은 원시 철학"(Tylor, 1871a: 416)은 설득력을 잃었고, "기계적 천문학이 점차 하등 인종들의 애니미즘적 천문학을 대체했듯이, 생물학적인 병리학이 애니미즘적 병리학을"(Tylor, 1871b: 310) 대체하고, "물리학, 화학, 생물학이 고대 애니미즘의 모든 부문을"(Tylor, 1871b: 361) 대신하게 되었다. 그 결과 "생명 대신 힘을, 의지 대신 법칙을 설정"(Tylor, 1871b: 361)하는 과학이 고대 애니미즘의 자리를 차지하게 되었다.

그렇다면 영혼의 성격은 어떻게 바뀌었는가? 타일러에

따르면 근대 종교는 여전히 영혼을 이야기하지만 그 범위는 주로 인간의 영혼으로 축소되었고, 더 이상 물질적 실체를 지니지 않는다. 다시 말해 근대 종교에서는 영혼의 물질적 속성이 대부분 사라졌다. 종교는 물질세계에 대한 설명의 권위를 과학에 넘겨주고 사후세계의 영역으로 후퇴했다.

세계에 대한 유물론적 설명

> 타일러에게 원시 종교는 과학 못지않게 유물론적 성격을 띤다. 원시 종교와 과학 사이의 충돌은 심령주의와 유물론 사이의 싸움이 결코 아니다. 그것은 외부 세계에 대한 하나의 유물론적 설명과 또 다른 유물론적 설명 사이의 충돌이다.(Segal, 2014: 61)

물론 타일러는 유물론과 심령주의를 명확히 구분했고, 사방에 가득한 영적 존재들을 믿는 애니미즘은 후자에 속한 것이라고 여겼다(Tylor, 1871b: 24, 124). 그러나 타일러의 서술을 자세히 살펴보면 원시 애니미즘의 세계는 오히려 영혼까지도 물질적인 유물론적 세계임이 드러난다. 타일러 스스로 "후대의 형이상학적인 비물질성의 관념은 야만인에게 거의 어떠한 의미도 전달할 수 없었을 것"(Tylor, 1871b: 66)이라고 밝히는 대목이 이를 잘 보여 준다.

그렇다면 타일러의 논의 속에서 종교와 과학은 어떤 관계에 있는가? 이를 이해하기 위해서는 타일러가 원시 종교와 근대 종교 그리고 근대 과학 사이의 관계를 어떻게 설정했는지 살펴볼 필요가 있다. 로버트 시걸(Robert Segal)은 타일러의 논의에서 원시 종교의 근대적 대응부는 근대 종교가 아니라 근대 과학임을 강조한다. 원시 종교, 곧 원시 애니미즘과 근대 과학은 모두 물질세계에 관한 설명이다. 원시 과학은 따로 존재하지 않았으며, 원시 종교가 세계를 설명하는 역할을 했다.

하지만 근대에 들어 과학이 점차 그 역할을 대신하게 되었다. 근대 종교는 물질세계를 설명하는 권위를 과학에 넘기고, 그 대신 원시 애니미즘에는 없었던 비물질적 영혼과 신을 다루게 되었다. 원시 종교가 물리적 세계를 설명하는 과정에서 발생했다면, 근대 종교에서 영혼은 "이제 그것을 발생시킨 세상으로부터 잘려 나갔고,… 근대 종교의 신들은 물질세계에서 작용을 멈추었다"(Segal, 2014: 60). 따라서 시걸의 요약처럼 "타일러에게 원시 종교는 철저히 유물론적"(Segal, 2014: 61)이었으며, 비물질성(immateriality)은 오히려 근대적 개념이었다.

애니미즘과 새로운 유물론

타일러가 강조한 원시 애니미즘의 영혼의 물질성 개념은 오늘날 신유물론(new materialism)이 주목하는 물질의 행위성 개념과 어느 정도 공명한다. 신유물론은 "물질로 만들어진 이 세계"에서 "물질의 경이로운 힘과 혼종성"에 주목하면서 "물질의 능동성, 역량, 행위성에 주목하는 존재론"(문규민, 2022: 15)이다.

오늘날 여러 신유물론자들은 의인화하는 사고의 산물로서 '영적인 애니미즘'의 비물질적인 성격에 거리를 두려 한다. 그러나 물질과 영혼을 이분법적으로 나누는 근대적 사고방식을 걷어 내면, 도처의 애니미즘들이 인간과 동물, 식물, 나아가 사물 사이의 차이보다는 연속성을 이야기할 수 있는 단서를 갖고 있음을 알 수 있다.

오스트레일리아의 에코페미니스트 철학자인 발 플럼우드(Val Plumwood)는 영성과 물질 사이에 넘어설 수 없는 경계를 세우는 고질적인 이분법에서 벗어나 물질성을 더 풍부한 용어로 다시 상상하자고 제안한다. 플럼우드는 유물론과 애니미즘을 대비하는 대신 풍부한 유물론으로서 애니미즘을 제시한다. 오스트레일리아 원주민의 종교문화에서 물질과 영성의 이분법을 넘어설 가능성을 포착하고, 이를 "유물론적 영성"이라는 말로 표현하기도 했다. 이처럼 다른 각도에서 접근하면, 인류학자 에두아르두 비베이루스 지 카스트루(Eduardo Viveiros de Castro)의 말대로 "애니미즘이야말로 유물론의 유일하게 합리적인 버전"(Haraway, 2016: 152)이 될 수도 있다.

타일러의 논의로 돌아가자. 타일러는 '야만인들'이 인간과 동물, 식물, 심지어 물체 사이의 절대적 구별 감각을 갖고 있지 않다고 지적했지만, 여기서 근대적 편견을 걷어 내면 감응적인 물질세계에 대한 감수성을 지닌 사람들이 도처에 존재해 왔다는 사실이 드러난다.

인류 문화의 선형적 발달을 명확히 제안하는 듯하면서도 정체 혹은 퇴보의 기간이나 상태를 논의에 포함한다는 점, '원시' 혹은 '야만'을 무시하는 듯하면서도 인류의 동일성을 제안한다는 점, 애니미즘과 유물론을 대비하면서도 유물론적 애니미즘의 여지를 남긴다는 점 등 우리는 선명한 진보 서사를 어지럽히는 모호한 지점들을 타일러의 논의에서 발견할 수 있다. 이러한 모호함은 단순한 한계라기보다 오히려 탈근대적으로 애니미즘을 재해석할 수 있는 가능성의 지점이 된다. 이를 통해 우리는 인간과 자연 사이의 위계적 질서가 아니라 헤테라키(heterarchy)적 연결과 상호작용의 세계를 읽어 낼 수 있다.

타일러의 애니미즘 논의의 진정한 한계는 오히려 그의 물음이 멈춘 곳에 있다. 타일러의 논의는 죽음과 꿈이라는 생물학적 현상에 대한 중요한 물음과 함께 시작했다. 그것은 물질세계에 대한 과학적 그리고 철학적 물음이었다. 그런데 인류세를 살아가는 우리가 던져야 할 중요한 물음은 "인간은 세계 내 다른 존재들과 어떤 관계를 맺으며 살아가야 하는가"라는 윤리적 물음이다. 타일러는 윤리와 형이상학이 원시 애니미즘의 소관이 아니라고 생각했기에 이러한 물음을 다루지 않았다. 타일러가 미처 다루지 못한 이 윤리적 물음을 다루는 것이 오늘날 우리의 중요한 과제다.

참고문헌

문규민(2022). ≪신유물론 입문: 새로운 물질성과 횡단성≫. 두번째테제.

유기쁨(2025). “경계를 횡단하는 애니미즘: ‘인류세’에 타일러 다시 읽기”. ≪종교문화비평≫, 47, 153-184쪽.

Haraway, D. J.(2016). *Staying with the Trouble: Making Kin in the Chthulucene*. Durham & London: Duke University Press. 최유미 옮김(2021). ≪트러블과 함께하기: 자식이 아니라 친척을 만들자≫. 마농지.

Segal, R. A.(2014). Animism for Tylor. In Harvey, G.(ed.). *The Handbook of Contemporary Animism*, pp. 53-62. London & New York: Routledge.

Tylor, E. B.(1871a). *Primitive Culture: Researches into the Development of Mythology, Philosophy, Religion, Language, Art, and Custom, 1*. London: John Murray. 유기쁨 옮김(2018). ≪원시문화: 신화, 철학, 종교, 언어, 기술, 그리고 관습의 발달에 관한 연구 1권≫. 아카넷.

Tylor, E. B.(1871b). *Primitive Culture: Researches into the Development of Mythology, Philosophy, Religion, Language, Art, and Custom, 2*. London: John Murray. 유기쁨 옮김(2018). ≪원시문화: 신화, 철학, 종교, 언어, 기술, 그리고 관습의 발달에 관한 연구 2권≫. 아카넷.

10
인류세의 인류학

인류가 지구 시스템을 뒤흔드는 행성적 존재로 부상한 '인류세' 시대에, 타일러의 논의는 어떤 의미를 지닐까? 19세기에 인간중심적 진보의 서사를 구축한 타일러의 인류학은 인류의 동일성과 문명의 진보라는 전제를 바탕으로 하며, 기후위기와 격변의 시대에 그 한계가 드러나고 있다. 그럼에도 타일러의 사유는 인간·비인간·물질이 상호 감응하는 세계를 사유할 단서를 남기며, 그를 다시 읽는 일은 인류세 시대의 인간 이해를 새롭게 갱신하려는 시도에 기여할 수 있다.

인류세의 인류

2000년 멕시코에서 열린 국제지권생물권프로그램(International Geosphere-Biosphere Programme, IGBP) 과학위원회 회의에서, 파울 크뤼천(Paul Crutzen)은 동료 과학자들이 여전히 홀로세를 언급하는 것을 초조하게 듣다가 이를 대체할 개념으로 '인류세(Anthropocene)'를 처음 제안했다. 비록 2024년 3월에 국제지질과학연맹 제4기층서소위원회가 인류세를 새로운 지질시대로 공식 채택하는 안을 부결했지만, 연맹은 인류세가 여전히 유용한 개념임을 인정했다.

인류세는 인류가 지구 시스템을 흔들 정도로 막강한 '행성적 힘'을 지니게 되었음을 의미하는 개념이다. 이 시대는 집단적 수준의 인간과 '인간적인 것보다 더 큰 세계'의 관계를 근본적으로 성찰하도록 요구한다. 이러한 성찰은 더 이상 '비인간 자연'과 '인간 문화'를 분리해 사고하는 낡은 전제 위에 설 수 없다. 다종적 세계의 실재를 좀 더 명확히 이해하고 설명하기 위해서는 인간중심주의를 넘어서는 새로운 접근이 필요하다. 실제로 오늘날 학문 전반에서 견고한 기존 전제가 흔들리고 있으며, '존재론적 전환', '물질적 전환', '관계적 전환'의 한복판에서 '인간적인 것보다 더 큰 세계'의 생명성과 물질의 작용을 새롭게 조명하려는 다양한 시도가 이어지고 있다.

그렇다면 인류의 무한한 진보를 꿈꾸던 빅토리아 시대의 지식인 타일러가 제시한 인류학적 논의와 다양한 사례들은, 디스토피아와 종말을 상상하게 되는 오늘날 인류세의 시점에서 어떤 의미를 지닐까?

타일러가 제안한 문화과학과 종교과학은 인류학과 종교학의 초기 형성에 지대한 영향을 미쳤지만, 근대적·서구중심적·식민주의적 한계를 지녔다는 이유로 후대 학자들의 비판을 받아 왔다. 그럼에도 타일러는 초월적인 그리스도교 신학의 틀을 벗어나 세계 내 존재로서 '인류'를 이해하려고 시도했다는 점에서 주목할 만하다. 타일러가 '근대 인류학의 창시자'로 불리기도 한 이유다. 타일러에게 인간은 고대인이든 현대인이든 자신이 맞닥뜨린 세계를 이해하고 설명하려는 존재였다.

그렇다면 19세기에 근대 학문으로서 인류학을 정초한 타일러가 그린 '인류'의 모습은 인류세의 '인류'와 어떻게 다를까? 한계로 여겨져 온 것에서 먼지를 털어 낸다면, 우리는 그 속에서 어떤 새로운 가능성을 발견할 수 있을까?

기후위기와 격변의 시간

타일러가 문명의 진보를 이론화한 저변에는 점진주의적 발전의 시간관이 자리한다. 19세기에는 자연이 질서정연한 것으로 가정되면서 "격변을 느린 변화의 누적으로 바꾸는 것이 바로 진보의 핵심적인 요소"(Gould, 1987: 187)라는 관념이 확산했는데, 이는 근대적 세계관의 뚜렷한 특징이었다.

스티븐 제이 굴드(Stephen Jay Gould)는 ≪시간의 화살, 시간의 순환(Time's Arrow, Time's Cycle)≫에서 토머스 버넷(Thomas Burnet)의 격변설적 시간관과 제임스 허턴(James Hutton)과 찰스 라이엘(Charles Lyell)의 점진설적 시간관을 대조한다. 허턴과 라이엘은 격변보다는 장구한 세월에 걸쳐 예상할 수 있는 속도로 균일하게 전개되는 느린 과정을 지지했다. 자연은 비약하지 않으며 점진적으로 변화한다는 것이 근대적 시각이었다. 이러한 가설이 19세기에 우위를 차지할 수 있었던 배경에는 홀로세의 상대적으로 안정적인 기후 조건이 있었다. 굴드에 따르면 라이엘은 "세계적 격동이라는 개념에 대한 미련은 번개 앞에서 두려움에 떨던 미개한 시절의 잔재"(Gould, 1987: 186)에 불과하다고 여겼다.

이처럼 안정적이고 예측 가능한 홀로세의 기후와 과학의 눈부신 발달은 타일러로 하여금 인류 문명의 진보를 확신하며 이론화할 수 있게 했다. 급격한 단절이나 파열의 가능성이 거의 없던 비교적 평온한 지질학적·생태학적 조건 속에서, 타일러의 사유는 자연스럽게 점진주의적 발전관과 진화론적 관점을 바탕으로 형성되었다.

그러나 오늘날의 상황은 사뭇 다르다. 5월의 대설특보와 6월의 폭염, 예기치 못한 홍수와 잦은 대규모 산불 등 과거에는 상상조차 어려웠던 기상이변이 이제는 일상이 되었다. 인류세의 자연은 '비약'하며 격변하고 있다. 안정적인 기후 조건 속에서 점진설적 시간관을 수용했던 타일러는 인류의 동일성과 문화의 진보를 이론화했지만, 전례 없는 위기로 대변되는 인류세의 인류는 이와는 다른 방식으로 이해되어야 한다.

19세기 타일러의 인류학은 유럽이 아메리카, 오스트레일리아, 아프리카 등을 식민화하는 과정에서 수집된 자료를 바탕으로 '하나의 인류'를 전제하며 성립했다. 그러나 브라질의 원주민 권리 운동가이자 생태주의 작가인 아이우통 크레나키(Ailton Krenak)는 유럽의 백인 남성들이 세계를 식민화하면서 "야생의 어둠에 남겨진 인류…에게 자신의 빛을 비춰 주어야 한다"(Krenak, 2024: 22)는 기이한

열망을 품었다고 지적한다. 크레나키는 과연 "우리는 정말로 하나의 인류인가?"(Krenak, 2024: 22)라고 되물으며 홀로세의 안정된 기후 속에서 유럽 중심의 시각으로 형성된 타일러식 인류학의 기본 전제, 즉 인류의 동일성과 문명의 진보를 단호히 거부한다.

크레나키는 타일러의 인류학에서 '하등 인종'으로 분류되었던 남아메리카의 원주민이다. 그러나 크레나키는 인류세의 조건 속에서 타일러식 인류학을 전복하는 인류학, 다시 말해 역(逆)인류학을 요청한다. 크레나키는 "오로지 하나의 인류만 존재한다는 생각"에 이의를 제기하며, 이러한 생각에 저항하기 위해 "다양한 층들과 함께 듣고, 숨쉬고, 느끼고, 감각할 필요가 있다"(Krenak, 2020: 69, 70)고 제안한다.

타일러의 인류학은 동질적 본성을 지닌 '오직 하나의 인류'를 보게 하는 반면, 크레나키의 역인류학은 다양한 인간들과 비인간 존재들이 서로 얽혀 살아가는 다층적이고 상호 의존적인 네트워크를 상상하게 한다. '전례 없는 위기'에 직면한 우리에게 필요한 것은 바로 이 후자의 사유다.

브라질의 사회인류학자 에두아르두 비베이루스 지 카스트루 역시 타일러식 인류학의 대척점에 서 있다. 카스트루는 오늘날 윤곽을 드러내고 있는 '세계의 종말'을 마주하며, 한때 찬미받았으나 이제 그 한계에 다다른 "인류에 관한 특정한 생각"(카스트루, 2024: 81)을 비판한다. 카스트루의 지적에 따르면 이러한 사고방식은 "인간과 지구위 다른 존재자들 사이의 완전히 근본적인 구별에 의존하는 동시에 그런 구별을 항상 거부했던 사람들을 하위 인류로 분류"(카스트루, 2024: 83)해 왔다. 그러나 오늘날에는 타일러가 과거의 '잔존물(survivals)'로 여긴 사람들이야말로 인류의 '생존(survival)'을 위한 새로운 상상의 원천으로 재의미화되고 있다.

그렇다고 해서 타일러의 논의가 완전히 무가치해지는 것은 아니다. 오히려 크레나키의 역인류학적 시선과 인류세의 문제의식을 통해 우리는 ≪원시문화≫를 비롯한 타일러의 논의를 새롭게 읽을 수 있다. 합리주의와 점진주의의 한계를 드러내는 기후위기 시대에 필요한 것은, 지구상에 존재하는 다종의 인류'들'과 비인간 존재들이 서로 얽혀 상호 의존하는 네트워크를 상상하면서 타일러의 유산을 비판적으로 재해석하는 일이다.

기후위기 시대에 타일러 다시 읽기

타일러의 이름은 최고의 명예와 최악의 불명예를 동시에 누리는 듯하다. 타일러는 생전에 학계에서 최고의 영예를 누렸고, 무려 두 세기가 지난 오늘날에도 인류학과 종교학 개론서의 첫머리를 장식한다. 하지만 타일러의 인류학을 지탱했던 '진화'의 렌즈를 통한 일반화는 이미 오래전에 금이 갔다. 20세기 중반 에드워드 에번스프리처드(Edward Evans-Pritchard)는 타일러의 종교 이론이 선험적 추측에 기댄 허황된 오류라고 신랄하게 비판했고, 그가 야만인의 생각을 추론하는 방식을 두고 "내가 만약 말이라면…"의 오류라고 비꼬기도 했다. 이후 타일러는 인류학자가 해서는 안 될 일을 보여 주는 반면교사의 전형으로 인용되기에 이르렀다. 오늘날 학계는 타일러의 저술에 나타나는 자민족중심적 묘사, 비서구인·원주민·농민·노동자 계층에 대한 차별적 시선을 정당하게 거부한다. 백인, 서구, 지식인이 꼭대기에 서고 나머지는 그 아래에 줄지어 선다는 단선적 진화의 도식은 더 이상 유효하지 않다.

그렇다면 타일러의 작업은 이제 완전히 무의미한 것일까?

18세기 민족학자를 비판하는 것은 18세기 지질학자를 비판하는 것과 비슷하다. 옛 저술가는 자신을 비판하는 현대의 비평가보다 훨씬 더 유능했을 수도 있지만, 그에게는 동일한 자료가 없었다.… 오래된 문제에 대해 이러한 좀 더 새로운 지식을 토대로 트인 시각을 갖는 것이 중요하다.(Tylor, 1871a: 83)

그러나 자신의 현대적 교과서에서 돌아서서 과거의 위대한 사상가들의 고루한 논문들에 관심을 갖는 연구자들은, 자기가 하는 작업의 역사로부터 이론과 사실의 관계에 관한 더욱 진실한 시각을 얻고, 현재 유통되는 각각의 가설의 성장 과정에서 그것의 존재 이유와 진의를 파악하는 것을 배우며, 심지어 옛 출발점으로 되돌아감으로써, 현재의 선로가 지나갈 수 없는 장벽에 막혀 멈춰진 듯한 곳에서 새로운 길을 발견할 수 있음을 알게 된다.(Tylor, 1871b: 694)

타일러 자신은 과거 연구자들을 비판하면서도, 동일한 정보와 자료를 갖출 수 없었던 시대적 한계를 인정하며 그들을 변호했다. 과거의 한계를 예리하게 인식하면서도 그것을 딛고 앞으로 나아가는 것이 그의 방식이었다. 오늘날 우리는 같은 태도를 타일러에게도 적용할 수 있을 것이다.

타일러의 한계와 성취를 이미 다 안다고 단정하지 않고 다시 읽어 볼 때, 압도적 양의 자료를 모으고 비교·배치하며 '인류'에 관한 보편 이론을 세우려 했던 한 연구자의 치열한 흔적을 발견하게 된다.

방대한 자료의 수집과 비교를 통해 인류 문화의 보편 이론을 수립한 타일러는 안정된 기후 속 점진적 발전을 전제한 시대의 상상 위에 서 있었다. 타일러는 인류의 정신적 동일성과 진화를 가정했고, '야만인'과 근대인을 동질적인 '인류'로 포괄했다. 이는 당시로서는 놀라운 성취였지만, 오늘날 인류세의 반론은 각지 원주민 사회의 '역인류학'으로 제기되고 있다.

인류세는 파열되고 흔들리며 뒤섞이는 혼돈의 시대다. 우리는 어수선한 시간 속에서 틈새를 횡단하며 익숙한 풍경을 새로이 읽는다. 타일러의 논의에서 우리는 산 자와 죽은 자뿐 아니라 인간과 동식물, 사물, '야만인'과 근(현)대인, 종교(애니미즘)와 과학, 물질과 영혼, 애니미즘과 유물론의 경계가 불안정하게 흔들리는 풍경을 본다. 우리가 '풍경(landscape)'이라고 부르는 것은 사실 인간만의 공간이 아니라 무수한/다종의 비인간 존재들이 함께 거주하는 겹쳐진 자리다. 애나 칭(Anna Tsing) 등이 말하듯 이러한 "겹쳐진 배치"(Gan, Tsing, Swanson, & Bubandt, 2017:

G1)에 주의를 기울이는 일은 인류세를 살아가는 우리에게 더할 나위 없이 중요하다. 오늘날 ≪원시문화≫는 종종 단순화되어 읽히지만 실제로는 훨씬 복잡하고 모호하며, 그 속에는 여전히 풍부한 사유의 틈이 숨겨져 있다.

이때 우리가 마주하는 타일러는 '모호하게 흔들리는 타일러'다. 타일러 사망 100주년을 기념해 출판된 ≪에드워드 버넷 타일러, 종교와 문화(Edward Burnett Tylor, Religion and Culture)≫(2017)는 "위대한 이론가" 타일러와 민족지 증거를 제시하는 인류학자 타일러 사이의 긴장을 지적한다. 민족지와 경험적 연구의 중요성을 인식하면서도 그 민족지를 "보편적 사회 진화의 이론적 맥락에 억지로 집어넣는 경향이 있는"(Tremlett, Sutherland, & Harvey, 2017: 4) 타일러의 이중적 면모가 그를 더욱 흥미롭게 만든다. 재발견된 타일러는 "(멈칫거리는) 민족지학자이자 (확신이 없는) 심령주의자"(Tremlett, Sutherland, & Harvey, 2017: 6)다. 그러한 모호한 긴장을 염두에 두고 타일러와 그의 작업을 입체적으로 다시 읽을 때, 우리는 타일러를 참신하고 중요한 방식으로 현재의 관심사에 연결할 수 있는 새로운 접속부와 통찰을 발견할 수 있다.

인류세에 타일러를 다시 읽는 작업이 중요한 까닭은 매끈한 해답을 주기 때문이 아니라 복잡한 풍경 속에서 많은 물음을 묻게 하기 때문이다. 우리는 타일러의 성취에서뿐 아니라 빈틈에서도 탐구할 공간을 발견한다. 역설적이게도 타일러의 거대한 이론이 멈춘 자리에서 우리는 가능성을 사유하고, 새로운 물음을 던진다. 그렇게 새로운 렌즈로 인류의 과거와 현재, 미래를 새롭게 사유할 수 있다. 여전히 우리는 거인의 어깨 위에서 세상을 '다르게' 감지할 수 있다. "좀 더 복잡한 타일러"(Tremlett, Sutherland, & Harvey, 2017: 7)를 읽는 일은 인류세의 복잡성과 불확실성에 조응하는 좀 더 복잡한 인류학을 모색하는 데 기여할 수 있을 것이다. 타일러 자신이 말했듯, "피상적으로만 탐험되어 온 분야에서는 흘끗 보기만 해도 어디서든 지식의 보물을 발견하게 된다는 것만큼은 자신 있게 말할 수 있다"(Tylor, 1871b: 698-699).

참고문헌

에두아르두 비베이루스 지 카스트루(2024). "≪세계의 종말을 늦추기 위한 생각들≫에 대한 후기". 아이우통 크레나키 지음, 박이대승·박수경 옮김(2024). ≪세계의 종말을 늦추기 위한 아마존의 목소리≫, 79-88쪽. 오월의봄.

유기쁨(2025). "경계를 횡단하는 애니미즘: '인류세'에 타일러 다시 읽기". ≪종교문화비평≫, 47, 153-184쪽.

Gan, E., Tsing, A., Swanson, H., & Bubandt, N.(2017). Introduction: Haunted Landscapes of the Anthropocene. Gan, E. et al.(eds.). *Arts of Living on a Damaged Planet*, G1-G14. University of Minnesota Press.

Ghosh, A.(2016). *The Great Derangement: Climate Change and the Unthinkable*. University of Chicago Press. 김홍옥 옮김(2021). ≪대혼란의 시대≫. 에코리브르.

Gould, S. J.(1987). *Time's Arrow, Time's Cycle: Myth and Metaphor in the Discovery of Geological Time*. Cambridge, MA: Harvard University Press. 이철우 옮김(2012). ≪시간의 화살, 시간의 순환: 지질학적 시간의 발견에서 신화와 은유≫. 아카넷.

Krenak, A.(2020). *Ideas to Postpone the End of the World*. Anansi International. 박이대승·박수경 옮김(2024). ≪세계의 종말을 늦추기 위한 아마존의 목소리≫. 오월의봄.

Thomas, J. A., Williams, M., & Zalasiewicz, J.(2021). *The Anthropocene: A Multidisciplinary Approach*. Cambridge: Polity Press. 박범순·김용진 옮김(2024). ≪인류세 책: 행성적 위기의 다면적 시선≫. 이음.

Tremlett, P.-F., Sutherland, L. T., & Harvey, G.(eds.)(2017). *Edward Burnett Tylor, Religion and Culture*. London:

Bloomsbury.
Tylor, E. B.(1871a). *Primitive Culture: Researches into the Development of Mythology, Philosophy, Religion, Language, Art, and Custom, 1.* London: John Murray. 유기쁨 옮김(2018). ≪원시문화: 신화, 철학, 종교, 언어, 기술, 그리고 관습의 발달에 관한 연구 1권≫. 아카넷.
Tylor, E. B.(1871b). *Primitive Culture: Researches into the Development of Mythology, Philosophy, Religion, Language, Art, and Custom, 2.* London: John Murray. 유기쁨 옮김(2018). ≪원시문화: 신화, 철학, 종교, 언어, 기술, 그리고 관습의 발달에 관한 연구 2권≫. 아카넷.

에드워드 버넷 타일러(Edward Burnett Tylor, 1832~1917)

근대 인류학의 창시자로 불리는 영국의 학자다. 대표 저서 ≪원시문화: 신화, 철학, 종교, 언어, 기술, 그리고 관습의 발달에 관한 연구≫(1871)에서 인류의 문화와 종교를 과학적으로 탐구하며 '문화과학'과 '종교과학'을 제안했다. 동서고금의 방대한 자료를 비교·분석해 인류 문화의 보편적 법칙을 모색했다. 인류의 정신적 동일성을 강조하면서도 야만에서 미개를 거쳐 문명으로 나아가는 점진적 진화의 관점을 취했다. 근대 인류학과 종교학의 형성과 발전에 큰 영향을 미쳤으며, 특히 세계 각지의 광범한 자료를 바탕으로 제시한 '애니미즘' 이론은 인간과 세계의 관계를 새롭게 사유하려는 오늘날의 논의 속에서 다시 주목받고 있다.

유기쁨

한국학중앙연구원에서 종교생태운동을 연구해 박사 학위를 받았고, 현재 서울대학교 사회과학연구원에서 연구원으로 재직하며 생태인문학을 강의하고 있다. "경계를 횡단하는 애니미즘: '인류세'에 타일러 다시 읽기"(2025), "기후위기와 주변부의 귀환: 하늘이 무너질 때 틈에서 솟아나는 것들"(2024), "발 플럼우드의 철학적 애니미즘 연구: 장소에 기반한 유물론적 영성 개념을 중심으로"(2022) 등을 발표했다. 단독 저서로 ≪애니미즘과 현대 세계≫(2023), ≪생태학적 시선으로 만나는 종교≫(2013)가 있고, 공저로 ≪연어를 따라간 인류학자≫(2020)와 ≪아픔 넘어: 고통의 인문학≫(2019) 등이 있다. ≪식물 사람: 철학적 식물학≫(2024), ≪원시문화: 신화, 철학, 종교, 언어, 기술, 그리고 관습의 발달에 관한 연구≫(2018), ≪산호섬의 경작지와 주술: 트로브리안드 군도의 경작법과 농경 의례에 관한 연구≫(2012) 등 다수의 책을 번역했다.